SOCIÉTÉ

DES

BIBLIOPHILES NORMANDS.

N° 52

—

MINISTÈRE DE L'INSTRUCTION PUBLIQUE.

LE

VOYAGE DU ROI LOUIS XIII

EN NORMANDIE

ET

LA RÉDUCTION DU CHATEAU DE CAEN

AVEC UNE INTRODUCTION

PAR A. CANEL

ROUEN

IMPRIMERIE DE HENRY BOISSEL

—

M.DCCC.LXIX

VOYAGE DU ROI LOUIS XIII

EN NORMANDIE

INTRODUCTION.

I.

Après le règne de Henri IV, la France eut à traverser une longue crise de luttes égoïstes entre favoris et grands seigneurs, dont un des épisodes agita profondément notre province.

C'était en 1620, pendant une de ces fréquentes brouilleries entre le jeune roi Louis XIII et la reine-mère Marie de Médicis. A cette date, celle-ci se tenait retirée dans la ville d'Angers, devenue ainsi le rendez-vous de la plupart des mécontents et le point de départ de toutes les intrigues. Le parti de la reine, incessamment grossi par tous les ambitieux déçus ou insatisfaits, était puissant. Il avait pour lui une lisière de deux cents lieues de provinces maritimes, depuis Dieppe jusqu'à Bordeaux, et un grand nombre de bonnes places dans le reste du royaume.

1

Mais le plus grand danger apparaissait du côté de la Normandie, si elle devait être soulevée, et tout indiquait
qu'elle n'allait pas tarder de l'être.

Le duc de Longueville, gouverneur de la province
depuis le mois d'août de l'année précédente, n'avait rien
négligé pour la rattacher aux intérêts de la reine, et partout il semblait devoir en disposer en maître. A Rouen,
où il tenait une petite cour, il avait l'appui assuré du
commandant du Vieil-Palais, Bauquemare du Mesnil, —
du lieutenant-général du bailliage, le Roux de Saint-
Aubin, — de l'hôtel-de-ville, échevins et conseillers, —
et dans le Parlement, celui du président le Roux, baron
du Bourgtheroulde, et du conseiller Baudry de Biville.
Partout aussi, dans les campagnes de la contrée, les gentilshommes se fortifiaient et levaient des hommes pour
son service, et, en Basse-Normandie, une influence non
moins marquée était acquise au parti; principalement par
le concours du comte de Thorigny, qui y commandait,
aussi bien que du comte de Belin et du grand prieur de
Vendôme, gouverneurs, l'un de la ville d'Alençon, et
l'autre du château de Caen.

Quoi qu'il en soit, le Parlement essayait de tenir tête
à l'orage, en multipliant, contre les levées d'hommes et
les fortifications de châteaux, les arrêts que mettaient à
exécution ses huissiers, appuyés d'une troupe d'archers et
du grand prévôt du Rolet, — en faisant avorter, à Rouen,

un coup de main préparé par les le Roux, — en mettant
ordre à ce que l'entrée de la duchesse de Longueville ne
devint pas, comme on semblait le vouloir, une occasion
de révolte ouverte...

A Paris, également, on se préoccupait de l'agitation de
la Normandie, et, vers le commencement de juillet, le
duc de Longueville, le président du Bourgtheroulde, le
lieutenant-général de Saint-Aubin et Bauquemare du
Mesnil étaient mandés de se rendre auprès du roi, pour
expliquer leur conduite et recevoir ses commandements.

Entre ces trois résolutions : obéir, s'engager nettement
dans la révolte, ou temporiser, dans l'espoir d'un succès
d'intrigue, le choix n'était pas douteux pour le duc de
Longueville, toujours indécis. Comme ses adhérents, il
persista, sous différents prétextes, à ne pas abandonner la
place, multipliant chaque jour, d'accord avec eux, les
plaintes et les manœuvres pour émouvoir la population
et surtout pour gagner le Parlement au parti des mécontents. Mais il n'y avait pas de concession à attendre du
premier président Faucon de Ris, et d'ailleurs on était
informé que le roi avait pris la résolution de se rendre à
Rouen.

En vain un complot avait été préparé pour s'emparer de
la ville avec l'aide des gentilshommes venus du dehors et
de douze cents soldats prêts à y entrer ; en vain le sieur
de Bouville proposa l'arrestation de l'énergique premier

président et la mise en batterie, sur la ville, du canon du Vieil-Palais.... Le 8 juillet, le duc de Longueville, le président le Roux du Bourgtheroulde et son fils, le lieutenant-général le Roux de Saint-Aubin, sortirent sans bruit, de Rouen, par des portes différentes. Quelques instants auparavant, les fourriers royaux y étaient entrés, et l'on avait appris par eux que le roi s'avançait lui-même, de Pontoise, dans la direction de Magny.

Le lendemain (9 juillet), le colonel d'Ornano est à Rouen, pour préparer les voies à Louis XIII. Assuré du concours du Parlement et de celui de la plus grande partie de la population, il se rend au Vieil-Palais, qu'il semble disposé à maintenir sous le commandement de Bauquemare ; mais celui-ci, on le comprend, se gardera bien d'attendre la venue du roi, et bientôt, avec sa garnison, il s'éloigne de la ville.

Le 10, Louis XIII arrive à Rouen, où il est accueilli « avec une clameur universelle », et, ce même jour, — terme déjà fixé pour le renouvellement des officiers de l'hôtel-de-ville, — il est procédé, en présence du premier président Faucon de Ris et du colonel d'Ornano, à des élections qui, conformément aux ordres royaux, éliminent de l'administration urbaine les citoyens notables de Rouen désignés nominativement comme suspects.

Le lendemain, dans la grand'chambre dorée du palais, le roi tient un *lit de justice*, en pompeuse cérémonie.

Discours du garde des sceaux Duvair et du premier président de la cour, puis lecture de déclarations royales pro-
nonçant, contre le duc de Longueville, le président du
Bourgtheroulde et le lieutenant-général de Saint-Aubin,
l'interdiction de leurs charges et la défense de les laisser
entrer dans la ville, telles sont les principales circonstances
de cette solennité.

Dès à présent, le calme est rétabli à Rouen, et une
police rigoureuse en assure le maintien ; mais l'agitation,
partout entretenue par de nombreux gentilshommes et des
soldats indisciplinés, se perpétuait dans le reste de la province. Caen surtout inspirait de sérieuses inquiétudes, et
l'on s'empressa d'agir activement de ce côté. Louis XIII
quitta donc la ville de Rouen le 12, pour aller coucher à
la Bouille, s'arrêtant le lendemain à Pont-Audemer et le
surlendemain dînant à Honfleur, d'où, sans retard, il se
dirigeait sur Dives.

A Caen, la situation était difficile pour la population.
Dominée par le château, la ville s'exposait aux violences
de la garnison, si elle se prononçait pour Louis XIII ; mal
défendue par des remparts insuffisants, elle était menacée
de devenir presque aussitôt la proie des troupes royales,
si elle se ralliait au parti des mécontents. Dès le commencement de la crise, ses administrateurs s'étaient appliqués
à louvoyer entre ces deux écueils ; mais il était difficile
d'éluder à la fois et les exigences des envoyés de la cou-

ronne qui avaient demandé l'aide des habitants contre le
château, et celles du commandant de la forteresse, qui
prétendait conserver les clés de la ville entre ses mains.
On y était parvenu, toutefois, et voici de quelle manière :
d'une part, la ville promettait de se tenir en bonne intelligence avec le château, sans faire alliance avec lui, de se
garder elle-même et de n'ouvrir ses portes qu'au roi,
présent de sa personne. D'autre part, il y avait consen-
tement de remettre les clés de la ville à l'administration
municipale. En possession de ce gage de leur indépen-
dance, les bourgeois avaient envoyé, le 5 juillet, trois
députés vers le roi, afin de lui faire connaître l'état des
choses et de lui représenter la nécessité de sa présence
pour garantir leur ville.

Nous avons vu que le roi n'avait pas attendu le vœu des
populations pour se mettre en campagne, et c'est à Pontoise qu'il reçut les envoyés de Caen, auxquels il annonça
sa prochaine arrivée dans leur ville et l'envoi préalable
de deux mille arquebusiers et de cinq cents Suisses.

Pendant leur absence, Caen n'avait pas été à l'abri des
tribulations. On y avait eu d'abord à écarter les préten-
tions de M. de Bléville, lieutenant du roi, qui réclamait
les clés de la ville et le commandement des compagnies
bourgeoises, et bientôt après, à l'occasion du même commandement que voulait obtenir l'ancien gouverneur,
M. de Bellefonds, le capitaine du château en était venu à

menacer les habitants d'égorgement et d'incendie. Cette
dernière alerte à peine calmée, c'était le comte de Thorigny, du parti des mécontents, qui s'était présenté à son
tour, demandant aussi les clés et le commandement. On
parvient encore à sortir de cet embarras; mais voilá que
l'on apprend aussitôt, avec effroi, la nouvelle de l'approche
d'une avant-garde de deux mille cinq cents soldats du roi,
envoyés au secours de la ville. Or, ce que, par-dessus tout,
les bourgeois de Caen redoutaient, c'était, d'après une
Relation manuscrite. « qu'on en vinst tellement aux prises,
que leur ville fust ruinée d'un costé du canon du chasteau, de l'autre par les troupes royales qu'on vouldroit leur
donner pour hostes, crainte considérable dans une grande
ville. »

Ces gens de guerre, au reste, furent précédés par leurs
chefs, le marquis de Mauny et le capitaine Arnault du
Fort, qui arrivèrent à Caen les 8 et 9 juillet. De ceux-ci
encore, les officiers municipaux obtenaient que leur troupe
n'entrerait pas en ville, et ils arrêtaient ainsi les nouvelles
dispositions d'attaque que le château donnait à craindre.

Le 10 juillet, autre inquiétude : le grand prieur, qui est
à la tête d'un corps de troupes assemblé à Falaise, fait
demander passage par la ville pour entrer au château, qui
pourtant lui était accessible par la campagne; mais, à la
première observation révérencieuse qu'on lui présente, il
s'empresse de rebrousser chemin, — satisfait vraisembla-

blement de n'avoir pas à pousser plus loin ce simulacre de coopération personnelle à la révolte.

Deux jours après, arrivaient successivement le sieur de Créqui et le maréchal de Praslin, commandant en chef des troupes royales, qui approchaient et avaient l'ordre de faire un détour pour passer l'eau au bac de Colombelles, et venir se loger derrière l'Abbaye-aux-Dames et dans les faubourgs de Saint-Gilles et de Calix. Leur premier soin, après avoir fourni au Conseil de ville l'indication des instruments de travail nécessaires pour les tranchées, fut d'envoyer sommer Prudent, capitaine du château, de le remettre en l'obéissance du roi.

Ce capitaine Prudent, parvenu dont le père avait été maçon, usa, en homme expert, de la diplomatie usitée dans de telles circonstances : il tenait, répondit-il, la place de Monseigneur de Vendôme, et ne la remettrait qu'à lui ou sur son ordre. En même temps, pour faire croire à une résolution de vigoureuse résistance, il demanda deux prêtres du couvent des Cordeliers ; — ce qui lui fut refusé, rapporte la *Relation* manuscrite déjà citée, sur cette observation du maréchal de Praslin, que : Prudent et ses gens étant rebelles au roi, et, dès-lors, coupables de lèse-majesté, « il estoit juste qu'ils mourussent comme bestes. »

Le soir même, cent soixante-dix hommes sont logés sur la contrescarpe du château pour couper les communications avec la campagne.

Le lendemain 13, premières arquebusades des assiégés, du côté de la ville, sur les passants. Un soldat est tué et un gentilhomme blessé.

Le 14, avec la permission que le roi lui en envoie, le maréchal fait ouvrir deux tranchées : l'une au Vaugueux, près de la rue de la Pigassière, l'autre au faubourg Saint-Julien. On commence aussi à creuser un chemin couvert dans la direction du fossé de la forteresse. — Le roi, arrivé à Dives, y reçoit une députation caennaise.

Le 15, après avoir dîné à Écoville, Louis XIII traverse la rivière sur un pont de bateaux et se dirige vers les tranchées du plateau de Saint-Gilles. Du château, dix ou douze coups de mousquet sont tirés sans résultat fâcheux sur le roi et sa suite.

« C'est là sans doute, pense M. Puiseux, que le maire et les échevins vinrent offrir à Louis XIII l'hommage des habitants de la ville, et remettre entre ses mains royales ces clefs tant disputées et si fidèlement, si adroitement gardées. Une vieille toile, que possède le musée de Caen et qui est évidemment contemporaine des événements racontés ici, vient à l'appui de cette conjecture. Louis XIII y est représenté en costume royal... Dans le fond du tableau, une vue perspective du château et de la ville de Caen, qui ne peut être prise que de Saint-Gilles. Cet indice s'accorde d'ailleurs avec la *Relation* (ms.), qui, de la tranchée, ramène Louis XIII au pont de bateaux et le fait arriver dans la

2

ville, non par le faubourg de Vaucelles et la porte Milet,
comme je l'ai lu quelque part, mais par la porte des
Quais. »

Passons sur le cérémonial de cette entrée, où la rhéto-
rique des orateurs de la ville universitaire ne fit pas défaut,
pour signaler une nouvelle sommation adressée à Prudent,
qui feint de ne pas croire à la présence du roi et ne donne
qu'une variante de sa première réponse.

Le 16, tenue d'un conseil de guerre par Louis XIII, qui
se fait présenter un plan du château et des environs ; —
reconnaissances poussées autour de la place ; — battue de
la campagne par la cavalerie pour intercepter les secours ;
— établissement de barricades devant la porte du château;
— mise en batterie de quatre gros canons au haut du Vaugueux, en attendant l'arrivée de quatorze autres pièces
expédiées du Havre.

Le 17, au matin, Prudent, dont l'inquiétude était vive
et qui sentait le besoin de s'assurer le concours de ses soldats en les compromettant, fit tirer sur la ville quelques
coups de fauconneaux, auxquels répondit la mousquetade
des assiégeants..... Mais le roi est reconnu dans la tranchée ; des soldats du château refusent de tirer et bientôt il
s'y manifeste une agitation extrême. Vains efforts pour
ramener le calme ; Prudent, découragé, va s'enfermer au
donjon avec quelques officiers. Moins d'une heure après,
Parizot, lieutenant du château, agissant au nom de la gar-

nicon, offrait d'ouvrir les portes au roi, qui pardonnait et
qui, le soir même, faisait prendre possession de la place
par deux compagnies des gardes et une autre de Suisses,
conduites par le sire de Créqui. A nuit close, la garnison
sortit sans ordre et à la débandade.

Le 18, Louis XIII, avec les principaux personnages de
sa suite, alla visiter la forteresse. C'est alors, paraît-il,
que Prudent, abandonnant le donjon où il s'était réfugié,
se résigna à se jeter aux pieds du roi et qu'il en obtint un
généreux pardon.

Telle est la conclusion qu'assignent à cette affaire plusieurs écrits du temps et notamment la *Relation* manuscrite précédemment rappelée, œuvre d'un contemporain
qui, par les détails circonstanciés qu'il fournit, se présente,
semble-t-il, avec l'autorité d'un témoin oculaire. Pourtant, je dois le dire, une autre pièce, datée de 1620, *les
articles accordez à M. Prudent*, fait un plus beau rôle à ce
personnage et le montre engageant avec le roi une négo-
ciation, à la suite de laquelle il obtient des lettres de ré-
mission, un remboursement de dépenses et l'autorisation
de sortir du château, avec ses gens, l'épée au côté. Ce ne
doit être là, à mon sens, rien autre chose qu'une réclame
intéressée, pour me servir d'une expression actuelle.

Ainsi fut mené à bonne fin, sans beaucoup de victimes
et sans trop de délais, ce siège que l'on craignait de voir
se prolonger, au profit du développement de la révolte. On

en prit prétexte, ainsi qu'il arrive souvent en France, de multiplier les plaisanteries sur le compte du capitaine. « Pour bien garder les places, lit-on dans la Relation manuscrite, il faut choisir les folz, car les prudens n'y valent rien. » — Si Prudent s'est rendu si vite, disait-on encore, et nous l'apprenons par les *Mémoires* de Richelieu, c'est « parce qu'il avoit accoustumé, estant fils d'un maçon, d'ouir le bruit des marteaux plus que celui des canons. »

Pour récompenser la ville de Caen de sa fidélité, il fut sérieusement question de démanteler sa forteresse, qui, comme la plupart des autres, servait plutôt à opprimer les habitants qu'à les défendre ; mais on la jugea nécessaire en cas « de soudaine descente d'estrangers, » et elle resta debout. Une autre ville normande devait avoir bientôt ce qu'on peut appeler une meilleure chance, en s'exprimant selon les idées de l'époque : ce fut celle de Verneuil.

La réduction du château de Caen entraîna la soumission de toute la Basse-Normandie. On vit, sans retard (dès le dimanche 19 et jours suivants), une foule d'officiers et de gentilshommes, encore hostiles quelques heures auparavant, accourir pour rendre hommage au monarque victorieux, et celui-ci put continuer son voyage, sans avoir à rencontrer de prochains obstacles.

Après que le sire de Créqui s'est mis en marche avec des troupes vers la ville et le château d'Alençon, abandonnés, dans la nuit du 20 au 21, par le comte de Belin, et où il ne trouvera aucune résistance, Louis XIII ne séjournera plus longtemps à Caen : il sera, le 22, à Argences ; le 23, à Lisieux ; le 24, à Orbec ; le 25, à Laigle ; le 27, à Verneuil ; le 28, à Bellesme ; le 29, à Bonnestable ; le 30, au Mans.

Alors la Normandie était délivrée de la crise, qui, pour d'autres contrées, devait se prolonger jusqu'à la paix signée, le 13 août, entre le fils et la mère.

Chargé par la Société des Bibliophiles normands de publier les écrits contemporains consacrés à cet épisode historique du mois de juillet 1620, j'avais le devoir, suivant l'usage reçu, de résumer le récit qu'ils donnent des événements, en le complétant ou en le rectifiant, d'ailleurs, à l'aide de documents divers, puisés à d'autres sources ; mais, en même temps, j'avais à ne pas perdre de vue que notre but commun est, avant tout, la réimpression des raretés bibliographiques. Je me suis donc appliqué à tenir cet exposé dans des limites aussi restreintes que possible. J'ajoute qu'il m'a paru d'autant plus à propos de procéder ainsi, que deux publications modernes, justement estimées, ont déjà mis les mêmes faits amplement en lumière : l'*Histoire du Parlement de Normandie*, par M. Floquet (T. IV, p. 331 à 363) ; — et le *Siège du château de Caen*, par M. Puiseux (in-8 de 116 pages). Je suis heureux de les rappeler à ceux de nos honorables confrères qui pourraient désirer des détails plus étendus.

.

II.

Les conséquences de la présence de Louis XIII dans notre province produisirent partout une impression profonde. Aussi vit-on se multiplier, à cette occasion, les *bulletins* les plus pompeux. Je n'en trouve pas moins de cinq à mentionner.

1º LE VOYAGE DV ROY EN NORMANDIE ET LA REDVCTION DV CHASTEAU DE CAEN... ; *à Paris, par J. Bourriquant...*, in-8 de 21 pages.

Pièce très rare. — Les renseignements qu'elle fournit ne sont peut-être pas aussi nombreux qu'on pourrait le désirer; mais ils ont pour eux toutes les apparences de l'exactitude.

2º LA REDVCTION DE LA VILLE ET CHASTEAU DE CAEN... ; *à Paris, chez Isaac Mesnier*, M. DC. XX. —in-8 de 8 pages. — Réimprimé à Lyon par P. Roussin.

D'une extrême rareté. — Absence de faits; style grotesque, à force de prétendre à l'élévation. C'est comme un premier cri de victoire, poussé d'enthousiasme.

3º LA REDVCTION DU CHASTEAV DE CAEN... ; *à Paris, chez S. Moreau*, M. DC. XX. — in-8 de 14 pages.

Cette pièce se recommande aux mêmes titres que le *Voyage*.

4° Articles accordez par la Clémence du Roy a M. Prudent Lieutenant du Chasteau de Caen... Le tout recueilly par le sieur Des-Marest..., présent en ladicte affaire. *A Paris, chez Isaac Mesnier*, M. DC. XX. — in-8 de 15 pages.

Rareté : Voilà le mérite de cette pièce. — M. Puiseux, qui l'a déjà reproduite, à la fin de sa brochure : *Siège du château de Caen* (1856), la considère comme « un véritable canard, » et ce qui appuie cette opinion, c'est que Desmarest, « présent en ladicte affaire, » ainsi que le porte le titre de la pièce, déclare, dans le texte, qu'il a rédigé sa relation sur les rapports d'amis « qui y estoient, » et d'après des manuscrits curieux tombés entre ses mains. En se contredisant ainsi lui-même, l'auteur éloigne tout naturellement la confiance.

Sa relation, qui cherche à relever un peu le rôle de Prudent, pourrait bien avoir été écrite dans l'intérêt du parti groupé autour de la reine-mère.

5° Recueil des choses plus memorables advenues en Normandie.

Avec les articles accordez par la clémence du Roy a Monsieur Prudent, lieutenant du chasteau de Caen.

Ensemble la description des factions et intelligences recogneues en icelle, tant en la ville de Rouen qu'en celle de Caen, et autres lieux.

Plus la lettre du Roy a la Reyne, sa mère.

Jouxte la coppie imprimée à Paris, chez Fleury Bour-
riquant, en l'isle du Palais, et Isaac Mesnier, rue S. Iacques.
— *Avec permission.* — M. DC. XX. — in-8 de 15 pages.

Encore une pièce rare ; mais, sauf la lettre à la reine,
elle ne se compose que d'extraits des numéros 1 et 4
ci-dessus.

Si le bureau de la Société des Bibliophiles normands n'a
pas hésité sur la convenance de reproduire les quatre premières relations originales précédemment indiquées, il n'a
pas cru qu'il devait en être de même de la dernière, qui
est une simple copie. Toutefois, comme la lettre du roi ne
se retrouve dans aucune de nos réimpressions, il n'a pas
semblé qu'il serait hors de propos de la consigner ici. —
Elle est ainsi conçue :

« Madame,

« Le temps que vous m'auez demandé par le sieur de
« Blainville, dans le quel ie me prometois d'establir une
« bonne intelligence auec vous estant finy, ie ne puis dif-
« ferer dauantage, sans vous faire cognoistre le regret que
« i'ay de voir vn acheminement bien contraire à cela : car
« au lieu de receuoir la satisfaction que i'attendois d'vne
« bonne et saincte resolution que vous prendriez, ie n'ay
« que le desplaisir d'apprendre les menées et pratiques
« qui se font dans les prouinces au preiudice de mon au-
« thorité, sous la faueur de vostre nom, sous la protection

« que plusieurs en leurs mauuais desseins se promettent de
« vous. Ie ne veux pas croire que les longueurs des traictez
« que vous auez entretenus auec ceux que ie vous ay
« enuoyez ayent esté pour fauoriser plustost ce dessain
« que pour vous resoudre à me respondre : mais ie voy
« neantmoins que cela a aydé aux entreprises et conspi-
« rations qui se trament de toutes parts, pour paruenir à
« vne reuolte. La cognoissance que i'ay de vostre bon na-
« turel me donne des asseurances que vous n'y contri-
« buerez iamais, et que vous embrasserez plustost ce à
« quoy la loy diuine et le deuoir de nature vous obligent
« à cet Estat, et à moy que vous deuez par toute raison
« aymer de cœur et sincerement. Au Nom de Dieu,
« Madame, prevoyez les maux dont vous pourriez estre
« cause, si vous suiuez les passions de ceux qui veulent
« profiter dans le trouble, et comme vous n'auez point de
« suiect de vous plaindre qu'il ne paroisse pas aussi que
« vous soyez dans le mescontentement qui sert d'ordinaire
« aux meschans. Ie sçauray bien tousiours faire cognoistre
« mon authorité : mais ie desire plustost regner par
« l'amour que par la force : celle cy ne sera qu'aux extre-
« mitez, et lors que la necessité m'obligera de chastier
« ceux qui voudront troubler la tranquillité publique à
« laquelle vous deuez contribuer de tout vostre pouuoir.
« Pour vous y conuier, et affermir les promesses que ie
« vous ay cy devant faictes, dissiper les soupçons que l'on

3

« vous aura voulu malicieusement donner, et pour vous
« asseurer qu'apres le salut de l'estat, ie n'afectionne rien
« plus que vostre contentement , ie vous enuoye mes
« Cousins les Ducs de Montbason et de Bellegarde, les
« Sieurs Archevesque de Sens, et President Ieannin : Le
« choix des personnes que i'employe en ceste occasion
« très-importante vous tesmoigne le desir que i'ay de
« vostre repos, comme vous le cognoistrez plus particulie-
« rement par le pouuoir qu'ils ont de vous contenter. Ie
« leur ay communiqué ce qui est de mes intentions :
« Donnez, ie vous suplie, la mesme foy à ce qu'ils vous
« diront, que vous feriez à moi-mesme et y apportez s'il
« vous plaist la croyance qui est necessaire, pour faire que
« vous aymez.

        « Madame,

                « Vostre tres-humble et obeissant fils,
                                Lovys.
« De Paris, le 5. Iuillet 1620. »

Telles sont les cinq pièces contemporaines, exclusivement consacrées à des faits accomplis dans notre province, pendant le mois de juillet 1620. Contiennent-elles
tous les détails que l'on pourrait désirer avoir sur ces
mêmes faits ? Je crois pouvoir formuler une réponse néga-
tive ; mais je dois ajouter qu'il existe à la bibliothèque de
Rouen, fonds Leber, sous le n° 4288, une autre relation,

également contemporaine, plus riche d'indications diverses; c'est la suivante :

VERITABLES RELATIONS DE CE QUI C'EST PASSÉ DE IOUR EN IOUR AU VOYAGE DU ROY DEPUIS SON DEPART DE PARIS, QUI FUT LE SEPTIESME IUILLET, IUSQUES A SON RETOUR DU PAYS DE BEARN A LA FIN DU MOIS D'OCTOBRE 1620. *A Paris, chez Iulian Iaqvin, rue de la Harpe à l'enseigne du Sauvage.* M. DC. XX. — In-8 de 52 pages.

Cette pièce qui ne se rattache pas exclusivement, comme les précédentes, à la Normandie, ne pouvait, par cela même, malgré sa rareté, figurer parmi les réimpressions, que j'appellerai *réglementaires,* de la Société des Bibliophiles normands. Il n'eût point été rationnel, toutefois, de négliger les nouvelles indications qu'elle fournit sur le voyage du roi à travers notre province. Aussi, — d'accord avec le bureau de la Société, a-t-il été convenu que la partie des *véritables relations,* se rapportant à la Normandie (environ la moitié), serait donnée textuellement, comme annexe, à la suite de la première des réimpressions de ce recueil.

Il devait se produire beaucoup d'autres écrits, en prose et même en vers, dans lesquels il est fait une assez large part aux événements qui nous occupent plus particulièrement ici. Je n'ai pas à en donner le détail; du moins me parait-il à propos de mentionner exceptionnellement les suivants:

C'est d'abord le tome premier des *Mémoires de Mathieu Molé*, publiés par la Société de l'Histoire de France. On y trouve (p. 287) le « Narré du voyage du roi en Normandie ; » — document dont l'autorité ne peut être contestée.

Vient ensuite l'in-folio intitulé : *Les Triomphes de Louis-le-Juste* (1649), où René Barry donne une vue du château de Caen, avec une courte notice sur l'épisode de 1620. Le roi y est représenté en costume de triomphateur romain, donnant sa main à baiser à des captifs prosternés. Dans le fond, un rocher couronné de tours ; mais, qu'on le sache bien, ce n'est là qu'un portrait de fantaisie de la forteresse. Au bas, les vers suivants de Pierre Corneille :

> Le château révolté donne à Caen mille alarmes ;
> Mais si tost que Louis y fait briller ses armes,
> Sa présence reprend le cœur de ces guerriers,
> Et leur révolte ainsi ne semble estre conceue
> Que par l'ambition de jouyr de sa veue,
> Et de le couronner de ses premiers lauriers.

Je rappelle encore le poëme aujourd'hui peu connu d'un Alençonnais : *Les Palmes du ivste..., par le sievr le Hayer du Perron* (à Paris, chez Toussaint Qvinet, 1635).

L'auteur y célèbre, « par l'ordre des années..., les immortelles actions dv très chrestien et très victorieux monarque Lovys XIII. » Je n'oublie pas que la Société des Bibliophiles normands s'attend bien à trouver ici les deux

fragments de ce poëme, dont je dois la communication à
l'obligeance de notre excellent confrère, M. Léon de la Si-
cotière. Voici donc ces extraits :

Au sujet de la présence du roi à Rouen, Le Hayer s'exprime ainsi :

> Cette fameuse terre où les peuples du Nort
> Trouuèrent à leur gloire un délicieux port
> Commençoit à ternir les grandeurs amassées
> Et noyer dans l'oubli ses conquestes passées,
> Lorsque ce demi Dieu par son diuin aspect
> La remit puissamment au chemin du respect.
>
> . . . .
>
> L'aueuglement perdoit cette superbe ville,
> Si mon prince bien tost n'eust esté son asile.
> Le peuple estoit contrainct de céder aux plus forts,
> L'artifice y jouoit ses plus subtils ressorts,
> A l'instant qu'il paroit, il donne du courage
> A ceux qui ne pouuoient empescher leur nauffrage ;
> Les faibles sont rauis de voir leur protecteur
> Qui descouvre à leurs yeux cet abus imposteur.
>
> . . . .
>
> Sa grave majesté, ses yeux estincelans
> Rassurent tout d'un coup les esprits chancelans.
> Il prend occasion de rompre cette brigue
> Qui formoit les projets d'une honteuse ligue ;
> Il donne l'espouuante aux plus authorisez,
> Il a compassion de ces cœurs diuisez.
>
> . . . .

> Sa vue est l'appareil dont on avoit besoing,
> Il falloit employer son amour et son soing,
> Pour conserver si bien cette grande Neustrie......

La présence du jeune roi a rendu le calme à Rouen. Le poète continue :

> Après qu'il a réduit ceste grande cité,
> Qu'il a bien sceu pouruoir à sa necessité,
> Il va donner secours à son peuple fidelle ;
> Caen se voit diuisé contre sa citadelle,
> Il ne scauroit ployer sous l'orgeuil de ses tours.
> Ces souplesses d'esprit, ces ruses, ces détours,
> Ne peuuent l'emporter sur son obeyssance,
> Il a trop de respect et trop de connoissance
> Du seruice qu'il doibt à ce digne Empereur,
> Pour suiure le party d'une chaude fureur,
> D'un prompt aueuglement qui prepare un abisme
> A ceux qui sont portez à deffendre leur crime.
> Mon prince faict sommer ce chasteau sourcilleux,
> Lui faict representer le succès perilleux
> Qu'il doibt apprehender du courroux de ses armes,
> Qu'il ne sera plus temps d'auoir recours aux larmes
> Si tost que le tambour aura battu l'assaut :
> Qu'il peut incontinent reparer ce deffaut,
> Et que sans prolonger sa honte et son audace,
> Il recueille à present les faueurs de sa grace.
> Les mutins assiegez mesprisent ces conseils
> Et font dans leur enclos de cruels appareils :

Pour empescher l'accès de ces hautes murailles,
Où leur impiété fera des funerailles,
S'ils persistent encor dans l'obstination.
Se flatter de l'espoir d'une abolition
Après auoir suiuy leur pointe téméraire,
Et s'estre abandonnez dans un party contraire,
N'est-ce pas abuser de la douceur d'un Roy,
Manquer en son endroict de respect et de foy,
Prouoquer sa justice, attirer sa disgrace,
Et voir leur felonie enseuelir leur race?
Au lieu que le soldat se rende à sa mercy,
Il monstre à son abord un courage endurcy :
Et pour luy tesmoigner qu'il ne s'est peu resoudre
A ses justes desirs, respond à coups de foudre.
Ce grand Prince qui sçait punir et pardonner,
Qui peut quand il lui plaist les Mutins enchaisner,
Attaque viuement cette place eslevée
Qui craint par dessus tout sa fatale arrivée.
  Ces braves legions, dignes trouppes de Mars,
Qui secondent tousiours l'heritier des Césars,
Ces valeureux Guerriers que mon prince regarde
Comme les bons esprits qui veillent à sa garde,
S'approchent du fossé, le percent promptement,
Et ne peuuent mourir plus honorablement
Que dans cet exercice, où l'honneur les conuie :
Ils sçauent le mestier de mespriser la vie,
D'affronter l'ennemy, dont l'œil espouuanté
N'ose voir qu'à trauers d'un mur bien cimenté,

Qui tremble de frayeur dedans ses barricades,
Quoyqu'il soit à couuert des chaudes mousquetades.
    La valeur de Louis les estonne si fort,
Qu'ils sont tous resolus d'abandonner leur fort,
D'inuoquer sa clemence, et par leurs justes larmes
D'essuyer aussi-tost la honte de leurs armes.
Ils sont desesperez dans leur temerité
D'auoir faict resistance à son authorité ;
Un sensible remors touche leur conscience,
Ils sont dans le desir, et dans l'impatience,
D'implorer à genoux la supresme bonté
D'un heros de qui l'heur n'est jamais surmonté.
    A ces ressentimens, mon prince leur accorde
Ce qu'ils ont espéré de sa miséricorde ;
Les coniure de viure en fidelles subiects,
De ne s'engager plus en de si noirs proiects,
De suivre constamment ses desseins legitimes,
Et de n'estre iamais les sanglantes victimes
D'une Rebellion qui perd ses Arboutans
Et qui n'est en vigueur que pour un peu de tems.

Il suffit sans doute d'avoir rappelé, parmi d'autres
encore, en dehors des relations plus particulièrement nor-
mandes, les trois dernières publications d'une portée plus
générale ; mais il ne semble pas inutile de dire également
un mot des manuscrits du temps, relatifs au même épisode
historique. Comme léger tribut offert à la curiosité des

chercheurs de documents inédits, qu'il me soit donc permis de signaler les suivants :

1° ENTRÉE DE LOUIS XIII A CAEN, 1620, — manuscrit de 36 pages d'une écriture fine et serrée. — Cette pièce faisait partie de la collection particulière du regrettable Georges Mancel, bibliothécaire de la ville de Caen. M. Puiseux, qui en a donné quelques extraits dans la notice que j'ai déjà citée, la considère comme une copie du *Voyage du Roy en Normandie* (réimprimé ci-après) ; mais le savant professeur s'est trompé sur ce point, comme on peut s'en convaincre, en comparant le texte de ce même voyage avec les extraits qu'il a publiés.

2° 11 JUILLET 1620. ARRIVÉE DU ROY A ROUEN, TENUE DU LIT DE JUSTICE, DISCOURS..., etc. — Dans le « Catalogue « d'une importante collection... provenant en grande « partie de feu M. le comte d'U..... » (Paris, Schlesinger frères, 1868), ce manuscrit est recommandé comme « très étendu et plein de renseignements curieux. »

On aurait pu croire qu'il devait exister, sur les évènements de juillet 1620 en Normandie, de curieux documents dans les archives des villes qui s'y sont trouvées plus ou moins intéressées. Quelques recherches infructueuses m'ont donné à penser qu'il n'en est pas ainsi.

Qu'à Pont-Audemer, dont le nom n'est prononcé qu'à l'occasion du passage de Louis XIII, il ne se rencontre pas de souvenirs de la crise, on n'a pas à en être surpris ; il est

4

du moins remarquable qu'aucun papier n'y mentionne la présence du roi. Mais ne doit-on pas s'étonner qu'à Caen, le vrai théâtre de la lutte, les archives, à cette occasion, gardent le plus complet silence?

Au dépôt départemental, je n'ai pu trouver que trois pièces concernant la concession de la capitainerie du château à deux personnages dont le nom revient souvent dans le récit des évènements :

1° Copie des lettres patentes du roi, du 27 avril 1617, qui nomment le chevalier de Vendosme, son très cher et bien aimé frère naturel, capitaine et gouverneur de la ville et château de Caen, en remplacement du maréchal d'Ancre ;

2° Copie des lettres patentes, du 30 du même mois, qui nomment en sous-ordre le sieur Prudent capitaine-gouverneur des mêmes ville et château ;

3° Copie de la lettre de Ch. de Matignon, comte de Thorigny, lieutenant-général en Normandie, autorisant le sieur Prudent à prendre possession de ses droits et charge (du 26 mai 1617).

Aux archives municipales, outre les quelques pièces préliminaires recueillies par M. Puiseux, mes recherches ne m'ont donné que deux indications, — les suivantes :

1° « M. le marquis de Mauny, capitaine et gouverneur des ville et chasteau de Caen, ayant receu les lettres du Roy par le sieur du Mesnil, exempt des gardes du corps de

Sa Majesté, adressantes aux eschevins et habitans de la ville pour faire lever les gardes, en a donné advis aux sieurs de la ville... ; les quels ayant veu lesdites lettres, sont allés avec mondit sieur le Marquis à toutes les portes de la ville remercier les capitaines et habitans qui estoient en garde, et sont les clefs d'icelles portes demeurées ès mains du sergent jusques à samedy qu'il sera advisé à qu les remettre. » (Registre XLVII, f° 270, 9 septembre 1620).

2° « Dulondel qui avoit esté le premier de ce mois envoyé trouver le Roy et luy porter lettres pour l'advertii du desordre que faisoient les gens de guerre en ce pays et du travail que recevoient les bourgeois de cette ville de faire les gardes, a apporté lettres de sa Majesté du 7 de ce mois par les quelles sa dite Majesté mande à la ville qu'elle a envoyé commissaires pour faire licencier les gens de guerre : a aussi apporté lettres de M. de Blainville par lesquelles il mande que sa Majesté a consenti à la demande de la ville. Il est arrêté que les lettres de sa Majesté seront publiées par les carrefours. » (Même registre, p. 272, 14 septembre 1620.)

Ainsi, à Caen : avant la crise, quelques documents très réservés ; — pendant la crise, mutisme complet des registres municipaux ; — après la crise, réapparition des écritures.

Plus d'une fois, au reste, j'ai eu l'occasion de remarquer que, dans nos villes, les choses se passaient souvent ainsi.

Leurs archives ne sont jamais si pauvres de renseignements qu'aux moments les plus troublés de notre histoire. On en apprécie aisément les causes générales ; mais, en maintes circonstances, et plus particulièrement dans celle-ci, il ne serait pas impossible, comme l'a très bien fait observer M. Puiseux, que la réserve des registres municipaux de Caen eût été inspirée par cette disposition d'esprit que l'on a proverbialement nommée la *Sapience normande*.

Quoi qu'il en soit, les derniers documents que je viens de citer constatent une fois de plus que les troubles provoqués par les cupidités ou les ambitions de quelques-uns n'en finissaient pas moins toujours, grâce surtout à l'indiscipline des gens de guerre, par venir a la charge de toute la population paisible, quelque soin qu'elle prît pour sauvegarder ses intérêts et sa tranquillité.

(

III.

Nous avons reproduit très exactement les pièces originales réunies pour la première fois dans ce recueil, et jusqu'au point de ne pas rétablir, sur le titre d'une d'elles, la préposition *de* que l'imprimeur du temps y avait oubliée ; mais il nous a semblé que le même scrupule n'était pas nécessaire, relativement à quelques fautes laissées dans le texte.

C'est ainsi, par exemple, que, dans la troisième pièce nous avons rendu à la rivière qui traverse la ville de Caen, son nom d'*Orne*, qui avait été changé en celui d'*Aulne*.

C'est ainsi encore que, dans la pièce annexe, au lieu du *château d'Evreux*, nous avons écrit *le château de Dreux*, conformément au texte de la relation manuscrite communiquée à M. Puiseux par Georges Mancel, en 1856.

LE
VOYAGE
DV ROY EN
NORMANDIE,
ET
LA REDVCTION DV
CHASTEAV DE CAEN
à l'obeïssance de sa Majesté,
SELON LES ADVIS AV VRAY
de ce qui s'y est passé.

A PARIS,
Par Fleury Bourriquant, en l'Isle du Palais.
Auec Permission.

LE VOYAGE DV ROY

en Normandie.

Es pratiques de Monsieur de Longueuille, conduites iusques à vne puissante faction, dans la
ville de Roüen, & par toute la Normandie, ne
pouuoient estre plus long temps sans esclater a
la desolation de la Prouince, lors que le Roy fut solicité par
son Parlement de Roüen d'y faire vn voyage, pour dissiper
par sa presence l'orage qui couuoit, & empescher l'oppression dont ses seruiteurs estoient menacez.

Le Roy sensible en ce qui touche le repos de ses peuples,
& le maintien de l'authorité de son Sceptre, partit de Paris
le Mardy 7. de Iuillet, & se rendit à Pontoyse; où arriue-
rent les Deputez de Caën, pour supplier sa Majesté de
pouruoir promptement à la seureté de leur ville, sur ce
qu'ils luy representerent, que celuy qui commandoit dans
le Chasteau, estant pour son seruice en mauuais mesnage
auec eux, les menaçoit de leur ruine.

A l'instant le Marquis de Mosny fut par sa Majesté
despesché, pour asseurer les habitans de ladite ville de
Caën, que dans six iours Monsieur le Mareschal de Pralin,

auec deux mille harquebuziers, & cinq cents Suisses, se rendroit prés de leur ville, pour s'opposer à la violence de ceux du Chasteau.

Le mesme soir partit de Pontoyse Monsieur le Colonnel d'Ornano, pour aller à Roüen, d'où Monsieur de Longueuille s'estoit retiré le mesme iour, apres auoir fait un long discours au Parlement, pour l'esmouuoir à ses intentions.

Ledit sieur Colonnel fut receu dans Roüen auec contentement, & son premier soin, apres auoir veu Messieurs du Parlement, & les Escheuins, fut de donner parole au Gouuerneur du Vieil Palais, que le Roy le tenoit pour son seruiteur, comme n'ayant eu nulle sorte d'intelligence auec le President de Bourgtheroude, & le Lieutenant General, qui s'estoient retirez de la ville, & n'auoient obey au commandement que sa Majesté leur auoit fait de la venir trouuer. Ledit Gouuerneur donna sa foy de seruir le Roy, & le lendemain sans estre pressé ny violenté, il se retira, & ne parut plus ny dans le Vieil Palais, ny dans la ville. Qui fut cause que ledit sieur Colonnel, apres auoir eu l'aduis de Monseigneur le Prince, lors desia arriué, s'asseura de ladite place du Vieil Palais, d'où sortirent cent cinquante hommes, outre la garnison ordinaire.

Le Vendredy 10. le Roy fit son entrée en ladite ville de Roüen sans solennité, mais pourtant glorieuse, pour la ioye qui esclatoit par tout, & pour la clameur vniuerselle du peuple, qui ne se pouuoit lasser de benir son arriuée.

Messieurs du Parlement vindrent saluer sa Majesté, auparauant qu'elle se mist à table; le discours du premier President ne fut pas long, mais toucha le cœur du Roy, lors qu'il luy rendit graces de les auoir sauuez de la rebellion dont ils auoient esté si proches : Confessant qu'il n'y auoit eu que sa seule personne qui eust garanty la ville, et la Prouince d'vne entiere desolation.

La Chambre des Comptes, & la Cour des Aydes, prenans pareil sujet en leurs Harangues, recogneurent que sa Majesté estoit le seul Ange tutelaire de la Normandie, & la coniurerent d'asseurer leur repos auant que d'en sortir.

Le Samedy sa Majesté entra & prit seance au Parlement, où Monsieur le Garde des Seaux representa tout ce qui s'estoit passé depuis les mouuemens d'Angoulesme : Les gratifications que la Reyne sa Mere auoit receuës, les soings de la faire visiter, les offres qu'il luy a nouuellement fait faire, & la tendresse dont son cœur Royal est porté enuers elle.

Il parla des dépesches que le Roy auoit faites à Monsieur de Longueuille pour venir trouuer sa Majesté, et l'accompagner à son entrée de Roüen et visite de la Prouince; s'estendit sur le refus qu'il auoit fait d'y venir, à cause du quel refus il presenta vne suspension du pouuoir dudit sieur de Longueuille en ladite Prouince, iusques à ce qu'il se soit iustifié en la presence de sa Majesté. Semblable interdiction fut présentée pour les charges du Président de Bourgtheroude, & du Lieutenant General son fils. .

La Cour, par la bouche du premier President, rendit graces au Roy de ce qu'il auoit daigné communiquer ses affaires à son Parlement, qui n'auoit en partage que l'obeïssance à ses commandemés : Et protestans vne fidelité inuiolable à son seruice, le supplierent qu'apres les auoir par son arriuée garantis du peril où ils alloient infailliblement entrer, il luy pleust ne s'esloigner point de la Prouince, sans y auoir asseuré la tranquillité.

Le Procureur General de Bretignieres representa d'vne éloquence admirable, de combien de benedictions l'arriuée du Roy auoit remply la Normandie, qui s'en alloit sans commerce, sans liberté, sans respect des loix ni des Autels, si le Roy pour la secourir ne fust sorty de son throsne Royal, pour entrer dans les trauaux d'vn penible voyage, qui le couronnera, par les vœux de ses bons sujets, d'vne gloire immortelle. A quoy il adiousta sa requisition pour la suspension du pouuoir de Monsieur de Longueuille, sur la quelle interuint Arrest, & pareillement pour les charges du President de Bourgtheroude, et du Lieutenant General son fils.

On n'a iamais veu le Palais ny les rües si remplies de peuple, iamais tant de cris de resiouïssance n'ont esté ouys. Chacun fut rauy d'un extreme contentement à l'ouye du Discours que sa Majesté fit au Parlement, auec vne grace & vne asseurance presque incroyable.

L'apres disnée à la requeste du Parlement & des Escheuins, sa Majesté establit nouueaux Capitaines de la ville, qui furent pris du corps du Parlement, de la Chambre des Comptes, & de la Cour des Aydes, & presterent serment de fidelité entre les mains de sa Majesté mesme.

L'heureux changement arriué dans la Normandie, est chose dont on ne sçauroit assez benir le Ciel, il n'y auoit homme de qualité, ny soldat, qui n'eust esté tenté, & la plus grande part gaignez, tant les artifices qu'on employoit auoient esté puissans.

Le dessein des factieux estoit de s'asseurer de la ville, par le moyen d'vne puissante intelligence, auec quelques habitans, qui eussent esté fauorisez de douze cents soldats prests à entrer, & d'vn grand nombre de Noblesse desia entrée. Mais le seul bruit de l'arriuée du Roy fit abandonner Monsieur de Longueuille de toute ceste Noblesse, qui faisoit gros de plus de trois cents Gentilshommes, & la faction populaire s'esuanoüit par l'esloignement des autheurs qui se retirerent, & laisserent aux Compagnies Souueraines, & au Corps de ladite ville, la gloire de seruir au reste de la France d'exemple de fidelité.

Durant le peu de sejour que le Roy fit à Roüen, qui ne fut que du Vendredy iusques au Dimanche, sa Majesté fut pressée par plusieurs aduis de se haster d'aller à Caën, mais elle le fut principalement, lors qu'elle apprit que Monsieur le Grand Prieur s'estoit presenté pour entrer dans la ville, & que les portes lui auoient esté refusées. C'est ce qui contraignit sadite Majesté de partir de Roüen le Dimanche apres disner, pour ne laisser la ville de Caën,

& la campagne voisine, en proye aux soldats entrez dans le Chasteau.

Les trouppes à l'heure eurent commandement de marcher droit à Caen, & sa Majesté, pour s'y rendre au sortir de Roüen, le Dimanche apres disner, se mit sur l'eau, fut coucher à la Bouille, & de là au Ponteaudemer.

Encore qu'alors il ne fust assisté sinon de sa compagnie de gendarmes, & de celle de ses cheuaux legers, de deux compagnies du Regiment de ses Gardes Françoises, & d'vne de Suisses, son courage pourtant ne peut estre touché de la moindre apprehension des hazards du chemin, bien qu'il eust aduis de diuers endroits, qu'il y auoit en campagne des gens de guerre contre son seruice.

Continuant son voyage par Honfleur, où il fut receu auec tout le zele & l'affection que les sujets peuuent tesmoigner à leur souuerain, il n'y demeura qu'autant de temps qu'il y fut obligé d'attendre la marée, puis passa à Diues, qui n'est qu'à cinq lieuës de Caen : sa Royale generosité toute bruslante d'ardeur pour la conseruation des peuples ses sujets, l'ayant porté à faire ce iour là douze grandes lieuës du pays.

Le Baron de Mailloc vint là auec cent cheuaux au deuant du Roy, & là mesme le vieil Marquis de Beuvron Gouuerneur de Falaize le vint asseurer de sa fidelité, & de celle de ses enfans. Le fils du sieur de Montgommery, Gouuerneur de Pontorson, vint donner les mesmes asseurances pour son père & pour soy, auec plusieurs autres que la presence de Sa Majesté attiroit au seruice qu'ils luy doiuent.

Tandis le Chasteau de Caën, inuesty par les sieurs Mareschal de Pralin, & de Crequi Maistre de Camp du Regiment des Gardes, & Mareschal de Camp en l'armée, estoit bouclé de si prés, & par dehors et par dedans la ville, qu'il estoit impossible que personne y peust entrer. Les tranchées d'approches auoient esté fort auancées par le sieur Marquis de Mosny, & neantmoins Prudent, commandant dans la place pour Monsieur le Grand Prieur, entretenoit les soldats en l'opiniastre resolution de se defendre, & vendre bien cherement leurs vies.

Ils auoient esté sourds aux sommations qu'on leur auoit faites, & leur response auoit esté à coups de canon. Le sieur de Belmont, Lieutenant du sieur de Mansan, se trouuant à la rencontre des premieres volées, eut d'vn coup vne jambe emportée.

De quoy le Roy ayant eu aduis, tesmoigna d'vn costé sa bonté naturelle, par le soin qu'il eut de faire soigneusement visiter et panser ce Gentilhomme blessé, et d'autre costé fut si viuement touché de l'audace de ces rebelles, qu'il ne peut arrester plus long temps à Diues.

Il en part le Mercredy matin dixseptiesme du mois, & partant fait marcher deuant Monseigneur le Prince Lieutenant Général en l'armée, pour aller dans la ville de Caën recognoistre en quel estat estoient veritablement les habitans les vns auec les autres; & s'il n'y auoit point entr'eux de partialité qui diuisast leurs affections.

B

Ils furent recognus fort vnis en la volonté de seruir le
Roy, & pour preuue ils sortirent iusques à deux lieuës loing
de la ville au deuant de Sa Majesté, qui recéut d'eux auec
les clefs les fidelles protestations d'vne très-humble obeïssance.

Deuant qu'entrer dans la ville, Sa Majesté voulut voir le
champ de bataille, puis son courage la porta dans les tranchées, qui n'estoient pas encore de haulteur suffisante pour
y aller à couuert, & neantmoins y demeura plus d'vn quart
d'heure. Monseigneur le Prince l'y accompagna, Monsieur
le Duc de Luynes, de qui la fidele et courageuse affection
pressoit tousiours Sa Majesté du costé qu'il y auoit plus à
craindre pour luy seruir partout comme de rempart; les
sieurs Mareschal de Pralin, de Crequy, de Trenel, Mareschaux de Camp, de Mosny & quelques autres Seigneurs,
dont le nombre attira sur eux vne salve de mousquetades,
qui ne cessa qu'à la voix de l'vn des soldats assiegez, qui
coniura ses compagnons de mettre les mesches bas, leur
monstrant le Roy plus aduancé que les autres, remarquable
par vn pourpoint blanc, & vne grande plume blanche,
qu'il porte ordinairement à la campagne.

Dés l'heure la reuerence de ceste personne sacrée, dont
le seul aspect est vn foudre qui donne l'effroy aux rebelles,
mit la terreur dans leurs cœurs, & n'y eut depuis que les
artifices de Prudent, qui firent de la resistance.

A la sortie des tranchées, le Roy sans autres armes que
son hausse-col entra dans la ville, & passa par la grande

ruë, au hasard de plusieurs harquebusades, & soubs la seule faueur d'vne simple toile percée à iour en diuers endroits, qui desroboit à ceux du Chasteau la veuë des passans, mais ne pouuoit pas empescher que les canonades continuelles ne fissent de cruels rauages au plus hault des maisons de la mesme ruë où estoit le logis du Roy.

Le peuple à l'arriuée de Sa Majesté fut tout en voix de loüanges, benissant la venuë de celuy de qui la presence estoit leur salut. Tous les corps de la ville en le saluant parmy leurs actions de graces meslerent mille très-humbles et ardantes prieres pour le conjurer de conseruer plus soigneusement sa personne, de qui dépendoit leur bien, & leur vie, & ne l'exposer pas si librement au sort des armes, qui n'espargne personne : Sa generosité loüa leur zele, & ne desdaigna pas moins le peril.

Encore que les assiegez eussent desia auparauant esté sommez par le sieur Mareschal de Pralin, ils le furent vne autre fois par vn trompette depuis l'entrée du Roy dans la ville : mais bien que sa personne ayt esté recogneüe par vn de leurs soldats, ils dissimulent ceste cognoissance, & veulent ignorer que Sa Majesté soit presente au siege, leur resolution (disent-ils) est de conseruer la place à Monsieur le grand Prieur.

Pour la troisiesme fois sommez par Cailleteau premier valet de chambre du Roy, parlant à Prudent, ils font pareille response : & Cailleteau sortant, mesle en ses discours les menaces et les promesses, offrant courageusement aux

soldats à haulte voix dix mille escus s'ils jettoient Prudent
de la muraille dans le fossé: Mais ils ne firent pourtant
paroistre leur émotion, ils continuèrent toute la iournée
à tirer plus furieusement que iamais, & le Colonel Arnaud
fut blessé d'vn coup d'harquebuse à croc dans l'espaule, au
mesme endroit de la tranchée où le Roy n'auoit pas redouté
de paroistre quelque temps auparauant.

Ceste opiniastre furie fut cause que le Roy prit resolution
de les auoir par la force, & pour cest effect commanda de
faire auancer le canon.

- Mais le Vendredy 17 du mois, les soldats estonnez par
la présence du Roy, qui ne doutoient plus qu'il ne fust en
personne au siège, resolurent ensemble de recourir à la
bonté de Sa Majesté. Ils firent donc à cinq heures du soir
sortir vn tambour, qui fut mené au sieur de Crequy, le
quel estant asseuré de la volonté des assiegez, qui ne de-
mandoient qu'vn pardon, entra dans le Chasteau auec ce
tambour, & leur promit au nom du Roy l'abolition de leur
crime de rebellion.

Parisot et son fils, deputez des assiegez, sortirent auec
ledit sieur de Crequy, se vindrent ietter aux pieds du Roy,
implorans sa misericorde pour eux & pour leurs compagnons. Le Roy, dont le courage ne sçait se roidir sinon
contre ce qui resiste, leur dist, qu'ils auoient esté heureusement inspirez de n'attendre pas son canon, & qu'apres
la batterie commencée il n'y auoit plus pour eux aucune
esperance de grace: A quoy le Roy adiousta sur quelques

demandes qu'ils voulurent faire, Qu'il ne composoit point
auec ses sujets.

Sa Majesté leur pardonna ; trois compagnies de gens de
pied, deux Françoises, & une de Suisses, entrèrent dans la
place, & en prindrent possession pour le Roy, sous le commandement du sieur de Crequy.

En mesme temps le Roy despescha le Marets, son
premier Porte-manteau, pour en porter la nouuelle à la
Reyne, qui la receut auec toutes les ioyes et les rauissemens,
qui se peuuent imaginer estre capables de naistre dans vne
ame tousiours iusques à l'heure en attente au milieu des
inquietudes, que luy donnoient les perils ausquels elle
sçauoit que le Roy s'exposoit.

Dés lors elle s'en alla à Sainct Eustache, où Monsieur le
Chancelier (en la prudence du quel reposent à Paris les
Conseils de la Souueraine authorité que le Roy y a laissé
à la Reyne, pour le soin et la conduite de toutes ses affaires) la vint trouuer afin de resoudre ce qui estoit à faire
en telle rencontre.

De S. Eustache, où Sa Majesté rendit à Dieu les premieres graces d'vn éuenement si desiré, elle fut à nostre
Dame continuer pareilles deuotions, puis à S. Estienne
du Mont, & de là aux Minimes de la place Royale, où
estoient les prieres de quarante heures.

Le lendemain la Cour de Parlement, & toutes les Compagnies Souueraines, furent à nostre Dame assister au
Te Deum que l'on y chanta. Et veritablement la France

ne sçauroit rendre au Ciel d'assez dignes actions de graces, d'vn si heureux succès des premières armes du Roy, fauorable presage joint à sa pieté & à sa iustice, qui nous fait desia voir parmy nos vœux, de combien de terreurs sera partout à l'aduenir accompagné le glorieux destin de son Espée, sur ceux desquels l'outrecuidance desrobera leur salut à sa bonté.

FIN.

ANNEXE AU PRÉCÉDENT ÉCRIT,

OU EXTRAIT DES

Véritables relations de ce qui s'est passé de jour en jour au voyage du Roy. . . .

Le Roy ayant esté adverty qu'en la plus part des Prouinces on arrêtoit les gens de guerre, que l'on menaçoit d'en prendre les deniers, que plusieurs Princes et Officiers de la Couronne s'estoient retirez de la Cour pour se joindre aux factions qui se formoient dans l'Estat, après auoir essayé par toute sorte de raisons et de clemence de les ramener à son obeyssance: et voyant que les armes s'alloient prendre en diuers lieux et aux plus proches de Paris, il tint conseil le Samedy 4. Iuillet; après auoir prié Dieu ardamment de luy inspirer ce qu'il auoit à faire, pour sa gloire et le salut de son estat. Ce sont les vœux par lesquels il commence et finit sa iournée.

Dans ledit Conseil furent representez les aduis, que toutes les Prouinces donnoient au Roy d'vne prochaine rebellion. On fit considerer les factions qui estoient dans Paris, et l'emprisonnement des esprits qui estoient dans les compagnies Souueraines.

La Normandie, et particulièrement la ville de Rouën

souspiroit sa liberté opprimée, et sa ruine ineuitable. Cette Prouince est la bassecour du Louvre, et les faux-bourgs de Paris, et qui porte plus à l'Espargne que nulle autre recepte du Royaume. Le feu commençoit d'y allumer.

On dit qu'il ne la falloit pas laisser perdre, mais qu'il falloit considérer qu'en conseruant Paris par la presence du Roy, on esperoit de la recouurer en vn autre temps, et qu'il n'y auoit rien de si perilleux que de faire sortir Sa Majesté de cest grande ville, qui luy fourniroit tout ce qu'il auoit de besoin.

Que ce seroit fauoriser le dessein de tous les brouillons que de la quitter, et que tous les partis qui s'estoient faits en France auoient tousiours essayé de venir demander la paix, ou faire la guerre à l'entour de Paris, et que les armes qui se leuoient au Liege, celles de Methz et de Sedan suffi-roient pour venir oppresser la dicte ville.

Fut encore representé, que si le Roy n'entroit à Rouën, ou qu'il voulusse passer plus outre, pour asseurer la ville de Caen, et qu'il n'entrasse dedans, infailliblement l'effray de toutes les autres villes s'en ensuyuroit, et la réputation de Sa Majesté en seroit descriée dedans et dehors le Royaume.

Le peril où le Roy seroit, s'il treuuoit les armes de Nor-mandie en teste, celle d'Angers à son cul, celles de Cham-pagne à Paris, celles de Guyenne et d'Angoulmois à la riviere de Loire, fut grandement considéré. Tellement que Sa Majesté se voyant enuironnée de tant de perils, dict genereusement, que parmy tant de hazards qui se presentoient, il falloit entrer aux plus grands et aux plus prochains, qui estoit la Normandie : et que son opinion estoit de s'y en aller tout droict, et n'attendre pas à Paris de veoir son Royaume en proye, et ses fidelles seruiteurs opprimez, et qu'il auoit vn grand espoir en l'innocence de ses armes : et de ce que sa conscience ne luy sçauroit reprocher d'aucun manque de piété à l'endroit de la Royne sa Mère, de iustice à son peuple, et de biens-faicts à tous les grands de son Royaume. Monsieur le Prince et Monsieur de Luynes furent les premiers à dire, que l'opinion de Sa Majesté estoit la plus honorable et la plus seure : parce que s'il plaisoit à Dieu de faire triompher les premieres armes de Sa Majesté audict voyage, il asseureroit par ce moyen les Prouinces et grandes villes qui ne s'estoient point desbauchées et planteroit la terreur dans celles qui s'estoient reuoltées. Le reste de son Conseil fut de la mesme opinion.

En sortant du Conseil, le sieur du Roullet, Grand Preuost de Normandie, se presenta à Sa Majesté : et luy dist qu'il ne deuoit point aller à ladicte Prouince, et qu'il n'y trouueroit que de la reuolte et du desplaisir. Le Roy luy dit, vous n'estes pas de mon Conseil, i'en ay pris vn plus généreux. Sçachez, que quand les chemins seroient tous pauez d'armes, ie passeray sur le ventre à tous mes ennemys, puisqu'ils n'ont nul subjet de se declarer contre moy, qui n'ay offencé personne. Vous aurez le plaisir de le

C

voir. Ie sçay que vous auez trop bien seruy le feu Roy mon
Père pour ne vous en resiouir.

Sa Majesté partit doncques le vij. Iuillet pour venir coucher à Pontoise, et se rendre le dix à Rouen, pour sauuer
ladite ville d'vn changement périlleux, et d'vne oppression
euidente.

Estant arrivé à Pontoise, les deputez de Caën y arri-
uerent, pour conuier Sa Majesté de pouruoir presentement
à la seureté de leur ville, d'autant que celuy qui commandoit dans le Chasteau les menaçoit d'vne manifeste ruyne.

Sa Majesté dépescha le Marquis de Mosny à la même
heure pour asseurer les habitants de la susdite ville de
Caen, que Monsieur le Mareschal de Praslin se rendroit
dans six iours auprès de leur ville auec deux mille harquebuziers, et cinq cens Suisses, pour s'opposer à la violence
dudit Gouuerneur.

Le mesme iour Sa Majesté aprist, que Monsieur de Longueuille estoit party de Rouën pour se retirer à Dieppe. Il
ne pouuoït pas croire qu'il abandonnasse la ville et le Chasteau de Caen si important à sa seureté, à la reputation de
son party, et à l'entretenement de la queue. Sa Majesté
sçauoit d'ailleurs, que Madame la Duchesse sa femme estoit aux lieux circonuoisins de Caen, pour se jetter dans la
ville soubs pretexte de faire son entrée : neant moins ledit
sieur de Longueuille s'arresta entierement à Dieppe.

Sur le soir partit dudit Pontoise Monsieur le Colonnel
d'Ornano pour aller à Rouën, dont Monsieur de Longueuille

estoit party le susdict Mardy, après auoir faict vn long discours au Parlement pour les esmouuoir.

Ledit sieur Colonnel fut receu dans Rouën auec grand
contentement : son premier soing, apres auoir veu le Parlement et les Escheuins, fut de donner parole au Gouuerneur du vieil Palais, que le Roy le tenoit pour son seruiteur, et pour n'auoir eu nulle sorte d'intelligence auec le
mauuais dessein du President Bouteroude, et S. Aubin ses
parens, qui s'estoient retirez de la ville, et n'auoient obey
aux commandements que Sa Majesté leur auoit faict de
les venir trouuer : le susdict Gouuerneur donna sa foy de
seruir le Roy. Et le lendemain sans estre ny pressé, ny
violenté que par sa conscience, s'en alla sans estre apperceu
de personne : qui fut cause que le dict sieur Colonnel s'asseura dudict vieil Palais par le commandement de Monseigneur le Prince, qui y estoit arriué deux heures auparauant, dont sortirent cent cinquante hommes sans la garnison ordinaire.

Le Vendredy dixiesme, le Roy fist son entrée sans nulle
solemnité : neant moins tres-remarquable par la clameur
vniuerselle du peuple qui ne se pouuoit laisser de benir son
arriuée.

Le Parlement vint saluer Sa Majesté auant qu'elle se
mist à table. Le discours du premier President fut succinct,
et toucha le cœur du Roy, lors qu'il luy rendit graces de
les auoir sauuez de la rebellion dont ils auoient esté si
proches, confessant qu'il n'y a eu que sa seule présence

qui ait empesché la désolation de la Prouince et de la ville.

La Chambre des Comptes et la Cour des Aydes prindrent semblable suject, recognoissant qu'il estoit le seul Ange tutélaire de la Normandie, le coniurant d'asseurer le repos de leur ville et de la Prouince auant que d'en sortir.

Le Samedy Sa Majesté est entrée au Palais, Monsieur le garde des Sceaux y a representé tout ce qui s'estoit passé depuis les mouuemens d'Angoulesme, les gratifications que la Royne sa Mere auoit receues, et les soings de la faire visiter, les offres qu'il luy a nouuellement fait faire, et sa tendresse pour iamais à l'endroit de ladite Dame Royne.

Il a discouru des depesches que le Roy auoit faictes à Monsieur de Longueuille pour venir trouuer sa Majesté, et l'accompagner à son entrée et visite de la Prouince, le refus qu'il auoit faict d'y venir : et pour cet effect a presenté vne suspension de son pouuoir en ladicte Prouince, iusqu'à ce qu'il se soit iustifié en la presence de Sa Majesté.

Semblable interdiction a esté présentée pour les charges du President Bouteroude et S. Aubin son fils, Lieutenant Civil au Bailliage de Rouen.

Le premier President a rendu graces tres humbles au Roy, de ce qu'il a daigné communiquer ses affaires au Parlement, qui n'a en partage que l'obeyssance, et ne s'anime que de ses commandemens, protestant une fidelité inuiolable à son seruice, le suppliant qu'apres les auoir

garantis par son arriuée du peril, où ils alloient infailliblement entrer, il ne sorte point de la Prouince, sans en
auoir affermy la tranquillité.

Le Procureur general, qui est la Breteniere, a fait merueilles à representer les benedictions que l'arriuée du Roy
apportoit à la Normandie, qui s'en alloit sans commerce,
sans liberté, sans respect des loix, ny des autels, si le Roy
ne fust sorty de son throsne Royal, pour entrer dans les
trauaux d'vn penible voyage : qui le couronnera par les
vœux de tous les gens de bien d'vne gloire immortelle.
A requis que la suspension du pouuoir de Monsieur de
Longueuille fust verifiée et enregistrée au Parlement : dont
arrest s'en est ensuiuy, et pareillement contre le president
Bouteroude et S. Aubin son fils.

On n'a iamais veu le Palais, ny les rues si remplies de
noblesse, de peuple et de cris. Le Roy n'a nullement hesité
aux discours qu'il a faits au Parlement, et fait merueilles
à parler à la noblesse qui le vint trouuer : peut-estre que
Dieu lui a suscité ces mouuemens pour servir à sa reputation.

L'apres disnée Sa Majesté a establi à la requeste du Parlement et des Escheuins, noueaux Capitaines de la ville,
qui ont esté pris du Parlement, de la Chambre des Comptes,
et de la Cour des Aydes, qui ont presté serment de fidelité
entre les mains de Sa Majesté.

Le XI. le Bailly de Caen arriua, et dict au Roy, que le
Chasteau estoit fourni de tout ce qui estoit necessaire à vn

grand siege, soit d'hommes, soit de munitions : et mit en doute que les habitans ouurissent leurs portes aux troupes qu'auoient menées Monsieur le Mareschal de Praslin, et le sieur de Crequy. Sa Majesté cogneut soudainement qu'il vouloit diuertir son voyage : et s'offença de ce qu'il presageoit si mal de sa presence, et de sa bonne fortune. Conseil fut tenu, où l'on mit en deliberation, si l'on attendroit des nouuelles, que les trouppes fussent entrees dans Caen, ou qu'on continuasse le voyage. Sur le conflit des opinions, le Roy dict, si l'on sçauoit à Caen, que nous marchandissions nostre depart, ils nous fermeroient la porte. Mon opinion est d'y aller, il y aura tousiours de la gloire d'entreprendre le voyage : et n'y auroit que peril et ruine à s'en retourner. On lui fit considérer qu'il y en auoit encore plus de n'y pouuoir entrer : et que les trois coups de canon qu'on tira sur Henry troisiesme lui firent fermer les portes des meilleures villes de son royaume. C'est tout vn, replicqua il : si cela arriue, on plaindra mon malheur : mais l'on ne me reprochera pas de la lascheté en mes desseins, comme l'on feroit si nous temporisions d'aduantage.

Durant le susdict conseil, on lui porta la nouuelle que le grand Prieur de France auoit passé à Falaise, pour s'aller ietter dans le Chasteau de Caen. Il dict en riant, que ce n'estoit que pour lui faire ouurir la porte, et qu'il ne falloit plus agiter son depart : et falloit partir le lendemain apres la messe, sans attendre que ledict grand Prieur peusse ramasser ses trouppes. Ce qu'il feroit aisément auec de

l'argent s'il ne s'auançoit promptement : et que les habitans de Caen en ouuriroient plus facilement les portes au
Mareschal de Praslin, et à Monsieur de Crequi, quand ils
apprendroient qu'il y alloit en personne, et que sans faillir
ils aimeroient mieux receuoir en leur ville les armes du
Roy, que celles d'un grand Prieur, dont ils ne pouuoient
euiter l'entrée, si ledit grand Prieur se jettoit dans le
Chasteau auec troupes. Ce qui estoit iudicieusement con-
clud : tout le conseil en approuva grandement les raisons.

Il est tout veritable qu'il n'y a homme de qualité, ny
soldat, qui n'aye esté tenté, ou n'aye esté seduit pour
prendre les armes : cela est tout notoire à la Prouince.
Diuers pretextes qu'on auoit pris auoient fait embarquer
plusieurs personnes, la presence du Roy les fait entierement
cesser.

Toute la Prouince confesse, que dans huict iours on
n'eust osé parler du nom du Roy, que pour diminuer son
authorité ou sa reputation, tant estoient puissans les artifices qu'on y employoit.

Le dessein estoit de s'asseurer Ieudy dernier de la ville :
la faction du President Bouteroude, la quantité de noblesse
qui s'y trouuoit, douze cens soldats qui s'y deuoient rendre,
deuoient faciliter l'exécution. C'est vne merueille, qu'au seul
bruit de l'arriuée du Roy, de trois ou quatre cens Gentilshommes qui estoient en ladite ville, il n'est resté que vingt-
cinq, les autres protestans qu'ils vouloient seruir le Roy :
les autheurs de la faction populaire s'en allèrent.

La fidelité du Parlement, et generalement des autres officiers, doit estre honorée pour iamais dans la France : parce qu'il n'y a nulle sorte de tentation, qui ne leur aye esté faicte, et qu'on n'aie essayé pour desbaucher leur obeyssance.

Le douziesme, le Roy partit de Roüen, où il apprit le depart du Cardinal de Guyse, par la bouche de Monsieur le Prince de Ioinville, qui fit nouuelle protestation de sa fidelité, et tesmoigna vn regret extreme de ce que ledit sieur Cardinal auoit manqué à ce qu'il auoit promis à Sa Majesté.

Le susdit iour il vint coucher à la Bouille, au quel lieu il eut aduis, que Sardigny luy deuoit presenter vne lettre de la Royne sa Mère, qui preiudicioit grandement à son authorité. Plusieurs despesches furent faictes aux Prouinces.

Le treiziesme il arriua à Pontheaudemer, où il receut nouuelles que Monsieur le Mareschal de Praslin auoit esté receu dans la ville de Caen, auec vne publique resiouyssance, et que Monsieur de Crequi estoit logé fort proche du fossé, et de la porte du Chasteau.

Les susnommez lui donnèrent aduis par mesme moyen, que le grand Prieur n'estoit point entré au Chasteau : et qu'il estoit hors d'esperance de s'y jetter sans un grand combat. Sa Majesté dict que cela estoit estrange de s'en estre approché de si prés, sans y auoir mis des gens, ou s'y estre enfermé luy mesme ; et qu'il falloit que ce fusse faute d'armes ou de bon conseil. Monsieur de Luynes luy dict, qu'il croyoit que le Chasteau estant si fort d'assiette et si bien munitionné, il n'estoit venu que pour tenter la ville. Sa Majesté replicqua que cela pouuoit estre : mais quoy que ce fust, son retour feroit perdre le courage à tout le party de Normandie. Monsieur le Prince luy dict, c'est la seule presence de Vostre Majesté, qui le dissipera icy et par tout où elle ira, s'il plaist à Dieu.

Au mesme lieu il receut nouuelles que les sieurs d'Espernon et de Rohan auoient pris les deniers de la recepte d'Angoulesme, Thoneins, Charente, Fontenay, et que la Royne sa Mere auoit faict sortir du canon pour prendre Craon.

Du mesme lieu fit despescher Monsieur le duc d'Elbœuf pour commander en Normandie, auec sept mille hommes de pied, et mille cheuaux.

Le quatorziesme, le Roy disna à Honfleur, et nonobstant le peril, qu'on lui proposa de passer le long de la mer, qui en quelques endroits est tres-perilleux à cause des marées, et des lieux inaccessibles, qui se trouuent sur les chemins, il en mesprisa les hazards, et s'en vint coucher à Diues, qui est sur un bras de la mer.

En partant dudict Honfleur, il s'informa s'il y auoit des vaisseaux de guerre à Dieppe, et que l'on pourueust à la seureté de son canon : à fin que Monsieur de Longueuille ne le surprint en chemin. Ce qui se pourroit facilement entreprendre. Sa Majesté print le soin d'y donner ordre auant son depart.

Le soir qu'il fut arriué à Diues, Sardigny se presenta

D

inopinément à Sa Majesté, auec la lettre, dont il est fait mention cy-dessus. Sa Majesté lui dit, qu'elle sçauoit ce que contenoit la susdicte lettre, et qu'elle auoit esté concertée à Paris, et n'en prendroit point de ses mains : qu'il y auoit pres de la Royne sa Mere des personnes de qualité, ausquels la susdicte Dame Royne pouuoit faire entendre ce qu'elle desiroit pour son contentement.

Despescha du mesme lieu Boyer, qui est de ses Ordinaires, pour s'en aller à Angers donner aduis à ses deputez du subject que Sa Majesté auoit euë de ne prendre la lettre de la Royne sa Mère par les mains dudict Sardigny, et commanda aux susdicts deputez d'asseurer la susdicte Dame Royne, qu'il ne manqueroit iamais de tendresse et d'affection à son endroit, nonobstant les pretextes qu'elle laisse prendre aux brouillons de troubler son Royaume.

Le quinziesme il disna à Equouille, où le Mareschal de Praslin le vint trouuer qu'il caressa grandement, s'informa de l'assiette du Chasteau, du trauail des tranchées, et des logemens qu'on auoit fait, et luy dit qu'il ne vouloit point qu'il s'exposat à tous les perils où il s'estoit mis, qu'il auoit besoin de sa personne pour de plus importantes occasions.

L'apres disnée il rencontra son Infanterie, parla aux soldats, s'informa des Capitaines, du nombre de leurs Compagnies, regretta le mauuais temps, et les grandes iournées qu'ils auoient faictes, et laissa les vns et les autres fort satisfaits de son soing et de sa douceur.

Passa la riuière à vne lieuë près de Caen, où il prist

soing, nonobstant le mauuais temps qu'il faisoit, de faire
passer toutes ses trouppes demeurant trois heures descou-
uert à la pluye. Fist plusieurs caresses à Monsieur de
Crequi, loüa sa diligence et son courage publiquement, et
l'entretint de tout ce qu'il auoit fait depuis son arriuée.

Monsieur le Prince luy dit qu'il venoit des tranchées, et
de recognoistre le Chasteau, qu'il ne falloit plus que le
canon pour l'attaquer, et que l'on ne sçauroit estre plus
proche ny plus fauorablement logé.

Estant prest d'entrer dans la ville, il demanda où estoient
les tranchées, et print le chemin d'y aller, nonobstant des
prieres qu'on luy feist pour l'en diuertir. Il fut salué d'vne
douzaine de mousquetades, qui tombèrent à ses pieds, ou
à ses costez : il se print à rire d'vn qui s'estoit laissé tomber
d'effroy, considera les tranchées, et où l'on feroit les batte-
ries, et ne se pouuant lasser d'estre en ce peril, et de considerer la place, on le força d'en sortir. Il entra dans la ville,
où l'on n'entendoit que cris meslés de larmes de ioye.

Ce mesme iour il tint conseil de Guerre, où assisterent
les Mareschaux de camp: Monsieur le Prince luy presenta
le plan du Chasteau : sur le conflit des opinions qu'il y
auoit pour l'attaquer, il en dit fort iudicieusement son aduis.

Demanda par quel endroit l'on le pourroit secourir : dit
qu'il falloit faire vn logis bien fortifié au deuant de la porte,
et vn autre où l'on pourroit descendre au fossé : commanda
que plusieurs despesches fussent faictes pour aduertir les
Seigneurs du pays de le venir trouuer.

Fist sommer par vn escrit porté par Galteau son premier valet de chambre et vn trompette, ceux du Chasteau de se rendre, qui firent responce : Qu'ils ne le pouuoient faire, sans en auoir le commandement de Monsieur le grand Prieur de France. Ledit Galteau leur fit des offres et des menaces tout ensemble, et sur cela le sieur Prudent le fist retirer.

Le Lundy on tint Conseil de guerre, Sa Majesté commanda qu'on luy fist vn plan naturel du Chasteau, et de deux lieuës aux enuirons, pour voir les passages par lesquels l'on pourroit secourir le Chasteau, asseoir la garde de Caualerie, considerer le nombre qu'il y falloit employer, et donna ordre de n'auoir nulles faulces alarmes, afin que ses trouppes n'en fussent trauaillées.

Fit partir plusieurs personnes pour aller prendre langue en diuers endroicts, sans qu'ils se cogneussent les vns les autres, afin d'auerer mieux la verité de leur rapport.

Enuoya consoler le sieur de Belmont, commanda au sieur de Modene de luy porter 500. escus en argent, et vn breuet de 2000. liures d'entretenement, lequel auoit les iambes percées de deux mousquetades : fist ordonner aussi semblable somme au sieur Arnaud, maistre de camp des Carrabins, qui fut blessé d'vne mousquetade au bras.

Voulut cognoistre un Caporal de la compagnie de Monsieur Drouet, qui auoit recognu par commandement de Monsieur de Crequi le fossé, et lui fit donner de l'argent pour marque de son courage, et en donna aussi au Sergent de Monsieur de Meuz.

Il n'y a sorte de générosité qu'il n'aye exercée en ce lieu. La pluye qui n'auoit cessé depuis son entrée, et ses fideles seruiteurs l'empescherent d'aller aux tranchées, où il vouloit tousiours estre. Il semble que la guerre soit son element, parce qu'il a toutes les qualitez qui conuiennent à vn grand Capitaine : nul peril ne l'estonne, nul trauail ne le lasse. Il sçait preuoir et pouruoir sur ce qu'il y a à craindre, et cognoit parfaictement ce qui se doit mespriser, prenant vn plaisir extreme d'estre instruit de ce qu'il ne sçait point : grandement ialoux de la gloire, et de tenir son armée bien policée : et qui plus est remply de pieté en tout ce qui regarde Dieu et son peuple, qui proteste n'auoir les armes à la main, que pour gaigner le cœur des rebelles, et empescher la dissipation de son Estat, veu le dessein que plusieurs ont de partager son authorité, et ruyner sa reputation.

Le vendredy dix-septiesme, enuiron deux heures, ceux du Chasteau firent vne chamade, demandant à parler à Monsieur de Crequi qui en vint donner aduis au Roy, qui luy commanda sur l'heure mesme d'aller sçauoir leur volonté.

Le sieur Prudent luy demanda par grace, qu'il luy dit, si le Roy estoit en personne dans la ville. Ce que ayant esté asseuré par ledit sieur de Crequi, il repliqua qu'il aymeroit mieux mourir, que d'auoir empesché le Roy de faire triompher ses premieres armes, et qu'il estoit prest de luy ouurir les portes, sans nulle capitulation.

Sa Majesté ayant sceu l'intention dudict sieur Prudent, accorda vne abolition de sa rebellion, et de ce qu'il auoit tiré sur sa personne : fit payer les munitions que Parisot son lieutenant disoit luy appartenir, et ce qui estoit deu aux soldats de la garnison : et le mesme iour à dix heures du soir Monsieur de Crequi y entra auec deux compagnies des gardes Françoises et vne de Suisses.

Le dix-huictiesme à une heure apres midi, la garnison sortit sans nul ordre et separement. A deux heures Sa Majesté y entra, le sieur Prudent s'y presenta, luy demanda pardon, ce que le Roy luy accorda tendrement.

Le mesme iour il despecha le sieur Boulanger à ses deputez d'Angers, pour leur donner aduis de la prise du Chasteau, et des bons sentimens qu'il continuoit d'auoir pour la Royne sa mère.

Ledit iour arriua le sieur de Beuron auec son frère, et plusieurs autres de la basse Normandie.

Le dix-neuviesme Monsieur de Matignon, de la Luzerne, de Montgommery, vindrent saluer le Roy, qui les traicta fauorablement, et les entretint de plusieurs choses : et au départ de Sa Majesté luy ont protesté toute sorte de fidélité et d'obeyssance, ayant pour cest effect pris charge de faire des trouppes.

Il est à remarquer que les soldats qui estoient en garnison dans le Chasteau, se trouuerent si effrayez de la presence du Roy, qu'ils se reuolterent tous, que si l'on n'ouuroit les portes à Sa Majesté, qu'ils estoient resolus de la faire entrer. Voila le veritable succès de la redition de ceste place, qui nous auroit amusé six sepmaines, nonobstant dix huict canons qui deuoient estre en batterie dans le vingt-cinquiesme du présent.

, Le sieur de Villars Gouverneur du Havre, nonobstant l'alliance qu'il a auec Monsieur le grand Prieur de France, enuoya au Roy quatre canons du Havre, et offrit tout le reste qu'il auoit et sa personne, pour s'enseuelir dans la ruine du Chasteau.

On auoit resolu de mettre quatre mille arquebuziers dans la ville.....

Le vingtiesme, Monsieur de Crequi eut commandement de s'acheminer sur le soir à Alençon, à la requeste des habitans de la ville qui craignoient d'être oppressez par le Chasteau. Il partit auec dix compagnies des Gardes pour s'y rendre.

Le Roy met en délibération s'il deuoit faire entierement demolir le Chasteau de Caen : son opinion estoit de laisser cette marque de liberté à leur ancienne fidelité ; et donner courage aux autres villes de son Royaume de suiure l'exemple de ladicte ville en semblable occasion ; Mais estant si proche de la mer et du passage d'Angleterre en France, on considera le peril où demeuroit exposée ladicte ville, si elle estoit destituée de ressource en vne soudaine descente des estrangers, veu l'assiette du Chasteau, qui est des meilleures qui se puisse trouuer en toute la coste de Normandie.

' Le 2 r. Sa Majesté partit apres auoir gratifié la ville de Caen de certains imposts pour affaires publiques, et ennobly quelques particuliers qui auoient utilement seruy , laissant pour iamais en la susdicte ville vne marque honorable de leur fidélité, et vne glorieuse reputation au Roy de les auoir sauuez du peril où ils estoient. ' · ·'

Le 22. Il vint coucher à Argences, où Monsieur de Matignon, de la Luzerne, de Montgommery, de la Forest et de Beuron , et generalement tout ce qu'il y a de plus qualifié en la Normandie, l'accompagnerent et firent nouuelle protestation de leur fidelité à leur depart. Au mesme lieu il sceut que la plus part de la Noblesse du Maine et du Perche auoient rendu leur commission et l'argent, pour faire des leuées à la Royne sa Mère. ' ·¹ ·'·' ·

Le 23. Il arriua à Lisieux, qui est tres-asseuré au Roy, et grandement peuplé, où il fut receu auec mille benedictions. Monsieur de Crequi luy escriuit qu'il auoit asseuré le Chasteau d'Alençon à son seruice, au grand contentement de la ville. ! - '' ' , ,' ' ' , '

Nouuelles furent apportées le mesme iour que Monsieur l'Admiral asseuroit le Roy de sa fidelité , et que le Parlement de Thoulouse auoit declaré de vouloir obeyr à toutes les volontés du Roy, sans nulle exception. ' , { '

Le 24. Il vint coucher à Orbec , où il sceut que Monsieur de Crequi s'estoit ietté dans le Mans à la solicitation des habitans, qui estoient menassez d'vn siege.

Au mesme lieu il apprit que la Royne mere estoit sortie

d'Angers, pour assieger la Flesche qui luy auoit ouuert les
portes, d'autant qu'il n'est nullement fortifié. Le Chasteau
qui ne vaut rien, resistoit à Monsieur de Vandosme, qui
le somme de se rendre. Sa Majesté visita audit logis le parc où estoit le canon,
le fit descharger, parla à tous les officiers, sceut la quantité
de munitions qu'ils auoient, et leur donna l'ordre de leur
marche.

Le vingt-cinquiesme il vint coucher à l'Aigle, où il apprit que le mauuais Chasteau de la Flesche s'estoit rendu :
dont il fut fort aise; craignant que celuy qui y commandoit pour Monsieur de la Varenne y fust enseuely, veu la
fidelité qu'il auoit à son seruice.

Sa Majesté séjourne ce Dimanche vingt-sixiesme en ce
lieu de l'Aigle, pour laisser venir son armée de Champagne,
qui se joindra Mercredy prochain: la monstre générale se
fera le Ieudy suyuant.

Le Parlement de Bretaigne a fait une deputation au Roy,
pour l'asseurer de leur fidelité. La Prouince offre toutes
sortes de secours et de seruice à Sa Majesté.

Audit lieu de l'Aigle, il sceut par le marquis de Tregnel,
que le Chasteau de Verneil auoit esté rendu par celuy que
le duc de Vandosme y auoit establi, à la requeste des
habitans qui auoient fidellement seruy le Roy. Il commanda que la démolition des fortifications fusse faicte, et
qu'il ne demeurast rien d'entier que le corps de logis. Il
s'y treuua vn canon.

E

Le vingt-septiesme on coucha à Mortaigne où Sa Majesté receut nouüelle que le Chasteau d'Edreux estoit rendu à la sommation de Monsieur de Bassompierre, apres auoir quelque temps contesté. Commandement fut donné, que les murailles du Chasteau du costé de la ville fussent demolies. Sa Majesté en réuoqua le commandement en faueur de Monsieur le Comte de Soissons.

Le vingt-huictiesme il arriua à Belaisme, où il receut la nouüelle de la rédition du Chasteau et de la ville de la Ferté-Bernard, qui est vne place assez bonne, et de grande importance, pour le passage du Mans à Paris.

Le vingt-neufiesme Sa Majesté coucha à Bonnestable, où les habitans de Vandosme se jettèrent à ses piéds, pour le supplier de vouloir asseurer le Chasteau à son seruice. Le sieur de Preau s'y en alla auec vn trompette pour le sommer.

Le trentiesme le Roy fist son entrée dans le Mans.

LA

REDVCTION

DE

LA VILLE ET CHATE-

au de CAEN, soubs l'obeissance

DV ROY,

le 17. Iuillet, 1620.

A PARIS,

Chez Isaac Mesnier, ruë S. Iacques.

M.DC.XX.

LA
REDVCTION
DE
LA VILLE ET CHATE-
au de CAEN, soubs l'obeissance
DV ROY,
le 17. Iuillet, 1620.

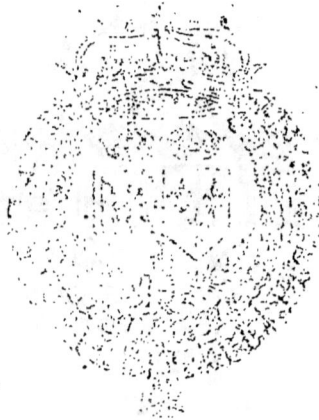

M.DC.XX.

REDVCTION

DE

LA VILLE ET CHATEAV

de Caen, soubs l'obeissance du
Roy le 17. de Iuillet 1620.

C Est vne chose certaine que Dieu fauorise tousiours le
bon droict, & que la raison se tourne du costé de la
Iustice: aussi est-ce vne folie de debatre vn subiect si
iniuste & légitimement on doibt debeller les mauuais desseins.

Il n'y a celuy qui n'ayt par cy deuant entendu la rebellion d'vne partye de la Normandie, & qui n'ayt sceu
comment il y en a eu plusieurs qui se sont retirés en quelques villes de cette Prouince, comme il appert principalement en cette Cité de Caen, qui a eu telle temerité qu'au-
dacieusement elle a resisté contre son Roy, qui luy debuoit
raisonnablement commander, & auec toute hostilité luy a
effrontement refusé son entrée, lui fermant les portes, & le
repoussant par le tonnerre d'vn nombre de Canons: & ce
ieune Prince (Magnanime Mars en valeur) aiguillonné

d'vn genereux courage, & porté d'vne iuste occasion, a
voulu luy mesme en personne comparoistre à la teste de
son Armée, & au front de ses Ennemys, deuant luy a faict.
trauailler aux tranchées les plus entendus Capitaines : il y a
luy mesme aydé, & s'est montré le premier sans apprehension à la charge, il estoit hardy, poussé par la flame de sa
iuste colere pour inciter ses Soldats à faire de mieux en
mieux, & se rendre victorieux sur ses Ennemys. C'estoit
vne chose admirable de le voir si bien faire en ses entreprises, & de conduire par son bon Conseil vn si grand
nombre de Guerriers, qui tous marchoient à son commandement, & attendoient ses prescriptions, & le mot de l'as-
sault pour courageusement abatre la temerité des Ennemys, & combattre le tort qu'on faisoit à Sa Majesté : cette
contrebatrie qui se faisoit d'vne part et d'autre eust mis la
victoire en balance, & l'honneur en doubte si l'equitable
droict de nostre Ivste Monarque ne nous eust assuré de son
triomphe, & ne nous eust desia faict voir les palmes de
ses Trophées pour le couronner apres de si nobles effectz.

La branche de Bourbon est assés Illustre pour estre
cogneue & affin de luy donner la diuersité des Eloges
qu'elle merite ie me tairai pour que mon silence exprime
ce que mon esprit ne peut conceuoir, ie dirai seulement que
les premiers Capitaines du Monde sont sortis de ce noble
tige, & que ce tige a pris son accroissement en la souche
de Mars, tous nos Roys l'ont assés amplement tesmoigné,
& par excellence Henri le Grand de memoire immortelle

qui seul a terny par ses triomphes la victoire de tant de si-
gnalés Empereurs: & depuis luy nostre victorieux Cori-
phée, nostre Achille François du quel les exploictz sur les
actes de la renommée battent desia les quatre extremitez
du Ciel: l'execution de ses derniers iours qui a paru à la
confusion de ceux qui s'estoient retirés de son obeissance,
luy font anticiper les armes de Cæsar, & les Sceptres qu'A-
lexandre auoit subiugués viendront soubs la dition de la
couronne Françoise.

C'est cette victoire, dont la memoire ne salura iamais le
tombeau, qui me faict entamer mon discours, & me conuie
à dire et publier la générosité d'vn Prince si valleureux,
qui (non encore au printemps de son age) a fait sentir combien il faisoit mauvais se bander contre son Roy: &
monstré en cette reduction forcée de cette fameuse ville
de Caen le pouuoir de son authorité, & l'equité de son en-
treprise.

Or afin que les siecles qui viendront apres nous soient
instruits d'vne si digne memoire, ie n'en lairay l'inmor-
talité sur le papier ni en la bouche de nos nepueux: mais
i'en graveray le renom sur le Marbre le plus dur, & sur
l'Airain plus durable, pour que la fin des temps en sçache
encore la verité, il suffira seulement icy de dire qu'apres vn
sanglant combat, & un conflit si cruel nostre Roy flambeau
de tout l'Vniuers a faict esclater les rays de sa clemence, &
en mesme temps dardé le foudre de son couroux sur ses rebelles mutinez qui despitoient l'inuincible puissance de ses

forcés, tellement qu'amoureux de sa benignité, & espou-
uantés de la Royauté de ses armes, reuoquerent leur voix,
& leur Roy, & se ietans aux pieds de sa misericorde re-
ceurent par la douceur de sa debonnaireté vne ample remission, & furent reintroduictz en leur premier honneur
auprés de Sa Maiesté de laquelle la Iustice & la clemence
n'auront iamais de fin.

LA

REDVCTION

DV CHASTEAV

DE CAEN EN L'O-

BEISSANCE

DV ROY.

Ensemble tout ce qui s'y est fait
& passé.

ET LES ACTIONS DE GRACE
chantées à Dieu, en l'Eglise de Paris, en presence
de la Royne France.

A PARIS,

Chez Syluestre Moreau, deuant
le Palais

M. DC. XX.

Auec permission.

LA

REDVCTION

DV CHASTEAV DE
CAEN, en l'obeissan-
ce du Roy

Ensemble, tout ce
qui si est fait et
passé.

Combien que la puissance des Roys, soit forte et redoutable pour tous leurs sujets, & qu'il n'y a rien si à
craindre qu'vne Majesté Royale lezée et offensée, ou en sa
personne propre, ou en son authorité; néantmoins leur
pouuoir retient tellement du naturel du foudre, que tout
ainsi que le foudre ne foudroye, ne brise, ne démolit et ne
rompt que ce qui luy resiste & tient bon contre son effort ;
aussi la puissance des Roys n'est jamais portée à la ruine
d'aucun, si ce n'est lors que l'on se bande contre leur authorité.

Or si les Roys se comportent de la sorte, particulierement
les Roys de France, car iaçoit qu'ils soient merueilleuse-

ment patiens és offences que l'on faict à leurs Majestez, &
different tout au plus tard qu'ils peuuent à punir & chastier
les entreprises faictes côtre leur authorité ; néant moins
d'autant plus qu'ils voyent & recognoissent que leur pa-
tience leur nuit & est tournée en mespris, ils deuiennent
seueres par vne juste seuerité qui leur fait prendre les armes,
pour se faire obeir & respecter par ceux la mesmes qui leur
doiuent toute obeyssance, se reseruant toutesfois tousiours
à donner la vie, la grace & le pardon à ceux qui l'implorent
de bonne heure aux pieds de leur Majesté, sur la recognoi-
sance de leur propre faute.

Que si entre les Roys de France, aucun s'est seruy de ce
remede pour s'acquerir vrayment et legitimement le sur-
nom de pieux et de juste, c'est singulierement nostre très
Auguste Roy Lovis XIII. que Dieu conserue en toute pros-
périté. . . . .
, Car comme il est enclin au pardon & oublie facilement
l'offence de ses subjets en l'exercice admirable de sa bonté,
aussi quand sa Majesté voit que son authorité est mes-
prisée, & que l'on suscite le trouble dans ses Prouinces à la
desolation de ses peuples, elle est contraincte d'auoir re-
cours à la iustice de ses armes, pour estouffer le mal en sa
naissance, luy aller au deuant en son progrez, & conseruer
aux siens, l'aise & le repos qu'il leur a procuré, & donné
au milieu de nos emotions ciuiles & domestiques. . . . . .
, Ainsy donc Sa Majesté estant en sa bonne ville de Roüan,
pour s'informer des pratiques qui se pouuoient faire, tant

en icelle ville qu'au reste de la prouince de Normandie, eust aduis que l'on se fortifioit dans le Chasteau de la ville de Caën, où commandoit Monsieur le Chevalier de Vendosme, & que pour estre les habitants de la ville portez de contraire affection et intention que la garnison dudit Chasteau, auoient esté contraints de se mettre en deffense pour la conseruation de la ville, & du seruice du Roy ; voire que pour empescher que les canonades dudit Chasteau ne leur fissent dommages, s'estoient barricadez, & fait du mieux qu'il leur estoit possible, attendant secours du Roy. Sadite Majesté, dis-je, ayant eu aduis de ce, pour soulager ses bons sujets les habitans de Caën, prit resolution de les enuoyer secourir promptement, & de plus de faire rendre obeïssance par ceux qui estoient audit Chasteau, & luy remettre ceste place entre les mains, auec la force ou autrement.

C'est pourquoy dès lors mesme que Sa Majesté estoit encore à Roüen, commanda à Monsieur de Crequy, Maistre de Camp du regiment de ses gardes, de prendre la moitié dudit regiment, sçauoir dix compagnies de soldats, & les conduire en ladite ville de Caën, pareil commandement au Colonel general des bandes estrangeres seruans Sa Majesté, d'y envoyer trois compagnies de Suisses, & à Monsieur de Praslin d'y aller en personne, assisté de Messieurs le Mareschal de Vitryt, le Marquis de Mosny et autres, auec quatre compagnies d'ordonnance: Tous les quels sont entrez à Caën.

Du depuis, Sa Majesté ayant esté au Parlement de Roüen, & y declarer sa volonté touchant le trouble present audit pays de Normandie, se seroit acheminée vers le dit lieu de Caen, assisté de plus de huict cens chevaux, & de quelque seize à dix huict cens hommes de pied, auec commandement donné de faire aduancer ses troupes nouuellement leuées, pour se faire rendre en personne l'obeïssance par ceux de la garnison du susdit Chasteau: Suiuant le quel commandement de sa Majesté ont esté leuez trois regiments en ceste ville de Paris & aux enuirons, L'vn sous la charge et conduitte de Monsieur Renar, fils de Monsieur le Mareschal de Souuré, Le second sous la charge de Monsieur Zamet, Le troisiesme sous la conduite de Monsieur de la Reinuille, de tous lesquels le rendez-vous ayant esté fait à Magny, se sont acheminez de là és enuirons dudit Caën, où est sadite Majesté en personne.

Vers lesquels lieux on a fait aussi conduire 14. pieces d'artilleries, prises tant de l'Arsenal du Roy, à Paris, que des Magazins du Pont de l'Arche.

Cependant ledit Chasteau ayant esté sommé de se rendre au Roy, il se sçait qu'au lieu d'obeir, la garnison auoit esté augmentée, si bien que veu ceste opiniastreté sa Majesté auoit fait inuestir ledit Chasteau, donné ordre aux aduenues de la riuiere, de maniere qu'il falloit, ou que ladite garnison perisse là dedans, ou qu'ils rendissent la place & obeissance à sadite Majesté, bien estonnez de voir qu'elle se soit voulu elle-mesme transporter sur les lieux, pour punir vne telle rebellion, au cas qu'ils n'obeissent, sans aucune esperance de secours de quelque costé qu'ils en pouuoient attendre.

Aussi M. le Marquis de Beuueron, qui estoit audit Chasteau se remettant deuant les yeux combien est redoutable la puissance d'vn grand Roy & ce que peuuent encourir de la colère de sa Majesté ceux qui se voudroient opposer à son authorité, a sagement et prudemment rendu la place entre les mains de sa dite Majesté & s'est remis luy & sa compagnie à l'obeissance du Roy, qui l'a humainement & benignement receu & pardonné tout ce qui s'estoit passé.

La reduction dudit chateau a esté faicte Samedy dernier 18 de Iuillet ayant esté les clefs d'icelui apportées à sa Majesté par ledit sieur Marquis de Beuueron. Sa Majesté y est entrée & y a mis pour la garde d'icelui quelques compagnies de gens de pied.

A ceste reduction le peuple de France a prins vn tres grand subiet de remercier Dieu et augmenter ses prieres à sa divine Majesté pour le bon progrès & succès des affaires du Roy, ayans ceste esperance que quoy que l'on vueille faire les mauuais, il n'y aura place qui vueille soustenir à la presence de Sa Majesté à l'exemple de ce chateau de Caen, qui est l'vne des plus fortes places de ce Royaume, où Dieu mercy il y a eu peu de dommage.

Et certes sont à loüer les habitans de la ville de Caen, qui n'ont jamais voulu prester l'oreille aux semonces de leur rendre, & obeïr à autre qu'au Roy, qui en reconnoissance de leur grande fidelité, leur a demonstré toutes sortes de bien-vueillances et affections Royalles.

Pour le suiet de ceste Reduction actions de graces ont esté rendues à Dieu en la grand' Eglise de Paris hier iour de Dimanche sur les six heures du soir en présence de la Royne de France.

FIN.

ARTICLES

ACCORDEZ

Par la Clemence du Roy.

*A Monsieur Prudent Lieutenant du Cha-
steau de Caen.*

Et ceux qui luy ont esté refusez pour
le regard de Monsieur le Cheua-
lier de Vandosme.

*Ensemble le pourparler qui a esté entre
Monsieur Cailleteau, enuoyé de la part
de Sa Majesté, & ledit Sieur Lieutenant sur la deliurance de la Place.*

Et le Tumulte arriué entre les Soldats dud. Chasteau, les noms de ceux qui ont estez
blessez & tuez.

· *Le tout Recueilli par le Sieur Des-marest depute
pour les fortifications de l'armée du Roy,
present en ladicte affaire.*

A PARIS,

Chez Isaac Mesnier, ruë S. Iacques.

M. DC. XX.

Auec Permission.

ARTICLES

ACCORDEZ

Par la Clemence du Roy,
A Monsieur Prudent Lieutenant du
Chasteau de Caen.

S Çachant combien plusieurs, portés d'vne loüable curiosité, pourchassent d'un vehement desir la verité des
choses dignes de memoire, & recerchent auec toute diligence les moyens d'acquerir vne parfaicte cognoissance des
Histoires qui se peuuent donner à l'Eternité des Sciecles:
le me suis estudié, & auec tout soing ay poursuiuy la
science des affaires qui se sont passées ces derniers iours en
la Prouince de Normandie, & principallement en la Ville
de Caen, où nostre Roy, aujourd'huy heureusement re-
gnant : s'est luy mesme transporté, & magnanime a voulu
faire la function de Soldat, pour donner exemple & courage
à toute son Armée.

Mais auant que traicter ce qui s'y est veritablement passé,
ie priray les Lecteurs d'adiouster foy à mes escris, comme
indubitables, ou premier de m'arguer de mensonge, s'en-
querir à ceux qui sçauent mieux, ou pour le moins aussi

bien que moy, les particularités de toute l'affaire, si ie dy
vray ; & lors s'ils me trouuent cœspitans ie leur donneray
raison : car i'ay recueilly ce qu'on en lira de la bouche de
mes Amys, dignes de foy, qui y estoient, & des manuscritz
curieux qui me sont tombés entre les mains, qui contien-
nent verité ; tellement que cela me donne occasion, & har-
diesse de vous en assurer. Or afin que nous en poursuiuions
par ordre tout le subject, Ie commenceray par icy, pour
continuer de point en point iusques à la conclusion : c'est
que le Roy aduerty des partialités de la Normandie & de-
sireux, comme vn bon pere de famille, d'accorder toutes les
dissentions, qui s'estoient meuës entre son Peuple, sur
quelques points, par le bruict de quelques differentz, partit
de Paris le Mardy 7. de Iuillet à 5 h. du matın pour aller à
Rouen, suiuy d'vne tres Noble Compagnie de Princes, Seigneurs, Gentilz-Hommes, & autres principaux de sa Cour,
auec son Regiment des Gardes, & autres gens de guerre :
où estant arriué, fist briller le Soleil de sa Iustice, dans son
lit Iusticier au Parlement de ladicte Ville, & de là dressa
son chemin droit à Caen, Ville qui a vn tres-bon Chasteau,
dans le quel s'estoient retirés quelque particuliers contre
l'obeissance du Roy.

La Ville de Caen est vne des anciennes Citez de la basse
Normandie, & la principale de toute la prouince, située en
vn beau lieu, arrosée de l'Orne, & deux fois le iour flus et
reflus de mer, bordée de deux belles prairies : Au hault de
la ville sur vn rocher est le Chasteau, dans iceluy un fort

donjon, au milieu du quel est vne Tour quarrée fort haulte, grosse, & entourée de quatre autres belles tours, auec des fossez merueilleusement profonds : (& d'icelle furent flambez plusieurs coups d'Artillerie contre la ville): il y a deux portes, dont l'vne sort aux champs, & de cette part on y peut faire entrer du secours : mais le Roy y auoit iudicieusement pourueu, de sorte qu'ils n'en pouuoient esperer d'Aide.

Monsieur le Chevalier de Vandosme, Grand Prieur, auoit laissé commandement dans le Chasteau à Monsieur Prudent, bien entendu aux armes, & luy auoit deffendu d'y donner entrée à personne, que premier il n'en fust aduerty : Si bien que Mercredy quinziesme iour dudit mois, le Roy estant arriué dans laditte ville sur le soir, & fort honorablement receu de tous les habitants, qui furent au deuant de Sa Majesté deux lieues, marchants en belle ordonnance, le conduirent à l'Hostel Royal, où ayant mis pied à terre, fist commandement à Monsieur Cailleteau, l'vn de ses premiers valets de chambre, fort bon soldat, ensemble commanda à vn Trompette de l'accompagner iusques audict Chasteau, & de sommer ledict sieur Prudent, Lieutenant soubs Monsieur le Grand Prieur, de sortir du chasteau & apporter les clefs au Roy, qui estoit dedans la Ville, le quel, sieur Prudent, respondit, Monsieur le Grand Prieur m'a laissé la Place en garde, ie n'en sortiray point que premierement ie ne voye son mandement: le sieur Cailleteau luy demanda s'il n'estoit pas seruiteur du Roy, & s'il ne

vouloit pas obeir à ses commandemens; il fist responce,
qu'il estoit pour le Roy, soubs Monsieur le Grand Prieur,
du quel il n'auroit cy tost receu le seing qu'il liureroit la
Place à Sa Majesté; le sieur Cailleteau luy parla d'affection,
luy disant, vous ne debuez point la refuser au Roy, à qui
elle appartient, & qui mesme vous en a pourueu, vous
sçavez bien que si vous ne la rendez de gré, vous serez con-
trainct de la rendre par force: Prudent respondit lors d'vne
voix plus haultaine, ie suis seruiteur du Roy, le Roy m'a
mis icy, si on m'attaque ie suis resolu de me deffendre courageusement, & ne rendray iamais la place que ie ne voye
deux lignes de la main de Monsieur le Grand Prieur.

Prudent en tous ses discours se manifesta bien impru-
dent, & le sieur Cailleteau l'entendant parler si imprudem-
ment, ne se peut empescher qu'il ne dit: *Vous, soldatz, ie
m'assure que vous n'imiterez pas la temerité de vostre Capitaine, vous seriez bien folz de vous perdre pour vostre
plaisir, c'est pourquoy si vous voulez ietter Prudent par
dessus les murs dans les fossez, & rendre la place au Roy,
ie vous feray donner dix mille escus de Sa Majesté:* Ces
parolles encouragerent tellement les Soldatz que s'ils eussent estimé estre les plus fortz, ils eussent volontiers mis à
execution le Conseil, que leur donnoit ledit sieur Cailleteau, qui s'en retourne vers le Roy, & dit à Sa Majesté son
entretien & deuis auec Prudent, & l'opiniastrée resolution
d'iceluy: ce qu'ayant entendu le Roy, iustement courouçé,
commanda qu'à l'instant, & sans aucun delay on travaillast

aux tranchées, & qu'on tirast promptement contre le Chasteau : de sorte que dès cette heure iusques au Vendredy dix
heures du matin, que le Roy comparut aux tranchées, il y
eust grande quantité de coups tirés d'vne part et d'autre :
c'est à sçauoir du chasteau coups de canons, & mousquetades en abondance, & de la ville seulement coups de mous-
quetz, pour ce que le Roy n'auoit pas encore son Artillerie.
Or est-il que les pieces du Chasteau ne furent point toutes
tirées en vain, car Monsieur Bellemont, Lieutenant aux
Gardes, eust d'vn coup de canon les deux iambes empor-
tées, & Monsieur de Crequy, qui n'estoit pas des derniers à
mieux faire, eust son chapeau percé d'vne balle de mousquet, en outre en cette batterie il y eust dix ou douze
Soldatz du Regiment des Gardes tués, & quelques autres
blessés.

Voila comme le sort tourne tousiours mal'heureusement
sur quelqu'vn, & encore ie m'estonne qu'il n'en arriua vn
plus funeste desarroy, comme veritablement la chose fust
venue à son point, si Dieu n'y eust mis la main, car vn
soldat du Chasteau, desia prest pour tirer, auec quelques
vns de ses compagnons, apperceuant le Roy aux tranchées
s'escria, *ne tirons pas, ne tirons pas, car le Roy est là:*
Lors Prudent s'aprocha de luy comme en cholère, & luy
commanda de tirer, ce qu'il refusa hardiment, disant qu'il
n'en feroit rien, & qu'il ne tireroit iamais contre son Roy,
quand on le deburoit passer par les armes : dix huict ou
vingt autres Soldats animez par la louable resolution de

leur camarade cessèrent aussi de tirer, voyant le Roy qui se pourmenoit par les tranchées, allant d'vn costé et d'autre, puis ceux là furent suiuis d'vn autre nombre presque égal; en fin il s'en trouva plus de cent d'vne mesme opinion, qui iurerent entre eux de ne tirer plus, tellement que Prudent, & le reste des assiegez firent vne grande esmeute dans le chasteau par l'espace de quatre ou cinq heures, & eussent volontiers mal traicté ces Soldats, s'ils n'eussent esté en si grand nombre.

- La presence d'vn Roy est d'vn grand espouuantement à ceux qui ont irrité sa clemence : & d'vn grand amour, & d'vne chere conseruation à ceux qui pratiquent les paroles de Dieu.

La contrauention qui se meust dans le Chasteau estonna grandement Prudent, & rappellant la prudence à luy (bien informé de la douceur du Roy) delibera d'enuoyer vn Tambour, pour parlementer : dont il eust permission, & licence de dire ce qu'il voudroit.

Premierement.

Prudent demanda deux choses lesquelles, si on les luy accordoit, il rendroit la Place : la premiere estoit qu'il supplioit Sa Majesté que les dix mille escus, promis aux Soldatz pour le ietter par sus les meurailles, luy fussent donnés.

Secondement.

Qu'en cas que la paix se fist, Sa Majesté rendroit à

Monsieur le Grand Prieur la Ville et Chasteau de Caen : pactions qui ne luy estoient point desauantageuses si elles luy eussent esté accordées, mais elles luy furent tout à plat refusées.

Ledict Sieur Prudent se voyant à l'extremité, n'esperant plus de secours ny de dehors, ny de dedans, ne sçauoit à qui en rescrire, & eust voulcu iamais n'auoir entré en la place, mais se voyant reduict, il tascha d'en sortir à son honneur, & voyant que le Roy l'auoit refusé de ses demandes, il luy en presenta quatre autres. C'est à sçauoir.

Premierement.

Qu'il auoit tousiours esté au seruice de Monsieur le Grand Prieur, & qu'il ne pouuoit point autrement manifester sa fidelité qu'en faisant comme il auoit faict, qu'il plust au Roy oublier sa response, & en premier Article luy demanda,

Qu'il pleust à Sa Majesté luy permettre qu'auant rendre la Place, il peust le faire sçauoir à Monsieur le Grand Prieur.

Secondement.

Qu'il pleust luy accorder de sortir auec toute sa Compagnie le Tambour battant, & l'Enseigne desployée.

Tiercement.

Q'il pleust à Sa Majesté luy accorder Lettres d'Abolition, & entiere Remission de sa faute.

H

58

Finalement.

Pour le remboursement de trois mille escus, qu'il auoit
aduancés pour les Munitions dudict Chasteau, oultre ce
qu'il luy coustoit auparauant: qu'il pleust au Roy l'en re-
compenser.

Sa Majesté, Flambeau de Iustice, Tableau de clemence,
abondante en Pardons, & iugeant ses demandes vn peu
plus raisonnables, luy accorda & lettres d'Abolition, &
remboursement des deniers par ledict sieur Prudent aduancés, & luy refusa les deux autres demandes: neantmoins
la bonté du Roy luy octroya de sortir l'Espée au costé, & à
ses Soldats: Et sa Majesté le receust auec autant de caresses
que s'il n'eust point franchy les fins de son debuoir: & ou-
bliant le crime de Leze Majesté commis en sa presence, luy
ouura le sein de sa benignité, & luy donna accès auprès de
sa couronne.

C'est une vertueuse coustume en tous nos Roys de France,
qu'ils se font plus admirer, & louer, en pardonnant : que
craindre, & redoubter, en punissant.

Le Roy, ayant accordé audict sieur Prudent ses deux der-
nieres demandes, permis à luy & à tous ceux du chasteau
de sortir la main leuée, fust luy mesme deuant la Place le
susdict Vendredy à six heures du soir, & par l'ayde de Dieu,
Sa Majesté entra dedans ledit chasteau, auec sa cour, qui
n'auoit aucune force que l'auctorité de sa puissance Roy-
alle, y fust recogneu Maistre Souuerain. On en rendit

graces à Dieu en la Grand' Eglise de S. Pierre, & dans toutes les autres Eglises tant de ladicte Ville, que dudict chasteau le mesme iour, & les Dimanche, & Lundy suiuant dans Nostre Dame à Paris, en presence de la Royne, ainsi par toute la France, qui doibt prier Dieu pour vn si magnanime Monarque, qui à l'Orient de ses iours se monstre si victorieux.

Voila la verité & le succès des affaires, qui se sont passées en la Ville, & chasteau de Caen en Normandie, depuis le quinziesme de Iuillet mil six cens vingt, iusques au dix huictiesme desdictz mois & an.

FIN.

NOTE ADDITIONNELLE.

Par suite d'une préoccupation que je ne m'explique pas, j'ai négligé de faire mention, parmi les pièces les plus importantes se rattachant au voyage de Louis XIII, du *Document inédit* publié par M. E. Gosselin, dans la *Revue de la Normandie*, 1868, p. 347, et intitulé : « Lit de justice tenu par Louis XIII en son Parlement de Rouen le 11 juillet 1620. »

Je répare ici cette omission, en ajoutant qu'il y a un tirage à part de ce document inédit.

TABLE DES MATIÈRES.

—◦—

ROUEN. — IMP. DE H. BOISSEL.